Na sala de aula

Antonio Candido

Na sala de aula

Cadernos de análise literária

todavia

À memória de Lúcia Teixeira Wisnik

Prefácio 9

Movimento e parada 13
Uma aldeia falsa 29
Cavalgada ambígua 51
No coração do silêncio 71
Carrossel 89
Pastor pianista/pianista pastor 105

Edições usadas 125

Prefácio

Este caderno contém seis análises de poemas, que procuram sugerir ao professor e ao estudante maneiras possíveis de trabalhar o texto, partindo da noção de que cada um requer tratamento adequado à sua natureza, embora com base em pressupostos teóricos comuns. Um desses pressupostos é que os significados são complexos e oscilantes. Outro, que o texto é uma espécie de fórmula, onde o autor combina consciente e inconscientemente elementos de vários tipos. Por isso, na medida em que se *estruturam*, isto é, são reelaborados numa síntese própria, esses elementos só podem ser considerados *externos* ou *internos* por facilidade de expressão. Consequentemente, o analista deve utilizar sem preconceitos os dados de que dispõe e forem úteis, a fim de verificar como (para usar palavras antigas) a matéria se torna forma e o significado nasce dos rumos que esta lhe imprimir.

Com maior ou menor minúcia conforme o caso, as análises focalizam os aspectos relevantes de cada poema: às vezes a correlação dos segmentos, às vezes a função estrutural dos dados biográficos, às vezes o ritmo, a oposição dos significados, o vocabulário etc. Mas em todas elas está implícito o conceito básico de estrutura como correlação sistemática das partes, e é visível o interesse pelas *tensões* que a oscilação ou a oposição criam nas palavras, entre as palavras e na estrutura, frequentemente com estratificação de significados.

Embora o cunho técnico haja sido limitado ao máximo, surge inevitável, em certos momentos, o toque da aridez. Tenho consciência de que o tipo de trabalho apresentado aqui se ajusta melhor à sala de aula, onde tudo ganha mais clareza devido aos recursos do gesto e da palavra falada, com o auxílio do fiel quadro-negro e seu giz de cor. Reduzidas à escrita, as análises perdem força; mas creio que ainda assim podem valer como registro dum tipo de ensino, e eventual ponto de apoio para professores e estudantes.

Isso é dito para o leitor se capacitar de que este caderno não é um conjunto de ensaios, mas um instrumento de trabalho, contendo textos analíticos *dependentes*, isto é, que não foram feitos para ser lidos por si mesmos, mas em correlação estreita com os poemas. Por isso é preciso não perder de vista os poemas, que devem ser consultados a cada alusão. Ler infatigavelmente o texto analisado é a regra de ouro do analista, como sempre preconizou a velha *explication de texte* dos franceses. A multiplicação das leituras suscita intuições, que são o combustível nesse ofício.

As versões iniciais desta e muitas outras análises foram redigidas há bastante tempo. Na maioria, entre 1958 e 1960, quando eu ensinava literatura brasileira na Faculdade de Filosofia de Assis, SP. À medida que as utilizava nas aulas (em diversos lugares daqui e do estrangeiro, mas sobretudo na Universidade de São Paulo), elas iam sendo acrescidas e modificadas; o seu estado atual é, portanto, uma etapa, fixada pela publicação, depois de revisões mais ou menos extensas. Os professores de literatura sabem que cada abordagem de um texto poético pode alterar a maneira de entendê-lo; mas sabem também que o nosso ofício obriga a apresentá-las, por mais insatisfatórias que sejam. Assinalo que duas dessas análises já foram publicadas em versões um pouco diferentes: a de Manuel Bandeira em 1975, no n. 1 da revista *Texto*, da Faculdade de Filosofia de Araraquara; a de Durão, em *Seminário sobre a Cultura Mineira do Período Colonial*, Belo Horizonte, 1979.

Falta dizer que concebo o meu trabalho como artesanato, ou "arte" no velho sentido, dependendo por isso muito da personalidade do artesão.

Agradeço a Marisa Philbert Lajolo e João Luiz Lafetá a leitura e comentário do presente caderno, o que me ajudou a ter menos dúvidas quanto à utilidade em livro deste material de sala de aula.

Antonio Candido de Mello e Souza
novembro de 1984

Movimento e parada

I

Mesmo sem querer recuar conceitos anacronicamente, parece que o *Caramuru* pode ser considerado uma epopeia do tipo que se chamaria hoje colonialista, porque glorifica métodos e ideologias que censuramos até no passado. Mas que ainda são aceitos, recomendados e praticados pelos amigos da ordem a todo preço, entre os quais se alinharia o nosso velho Durão, que era filho de um repressor de quilombos e hoje talvez se situasse entre os reacionários, com todo o seu talento, cultura e paixão. Como sabemos, o *Caramuru* é uma resposta ao *Uraguai*, cujo pombalismo ilustrado estava mais perto daquilo que no tempo era progresso. Mesmo sendo progresso de déspota esclarecido, useiro da brutalidade e do arbítrio.

A possível atualidade do *Caramuru* estaria um pouco na presença constante da violência e da opressão, disfarçadas por uma ideologia bem arquitetada, que tranquiliza a consciência. Durão é em grau surpreendente um poeta da guerra e da imposição cultural, e não ficaria deslocado em nosso tempo excepcionalmente bruto e agressivo. Basílio da Gama, que celebra uma guerra destruidora, no fundo não simpatiza com ela e quase justifica o inimigo (que não consegue deixar de tratar como vítima), lamentando a necessidade cruel da razão de Estado. Mas Durão não só adere ideologicamente ao exercício da força, como parece ter por ela uma espécie de fascinação.

Apesar disso partilha o encantamento de Basílio pelas formas naturais do seu país, que mal conhecia diretamente, porque saiu daqui aos nove anos e nunca mais voltou. E, como Basílio, era capaz de sentir, pelo menos até certo ponto, a beleza da paz como forma de tranquilidade humanizadora. Talvez os melhores trechos do seu poema sejam as descrições da natureza em estado de neutralidade (digamos assim); e, paradoxalmente, os momentos de parada de ação, do movimento e, portanto, da violência.

São coisas dessas que tentarei localizar na epopeia desigual, mas viva e interessante, boa até mais da metade, descambando a seguir numa monotonia e sobretudo prolixidade que estragam o efeito obtido. Mas não é certo que seja ilegível, nem que os seus versos pareçam duros como pedras, requerendo na leitura um esforço de britar, segundo a expressão pitoresca de Agripino Grieco. Pelo contrário, são fluidos, corredios e o seu conjunto é até meio frouxo, dando a impressão de certa incontinência. Seria preciso, para discipliná-los, coisas como freio ou represa, que contivessem o seu derrame largado. Não britador.

2

Já se fizeram alguns estudos sobre o *Caramuru*, inclusive de sua estrutura, com vistas à análise ideológica. No terreno da erudição há o trabalho de Carlos de Assis Pereira sobre as fontes. Mas falta uma investigação parecida à que Wilton Cardoso fez sobre Cláudio Manuel da Costa, mostrando como as técnicas, as imagens, o espírito do Barroco estão incrustados na sua poesia e na sua poética — pois Durão é cheio de traços barrocos, como os outros poetas mineiros do século XVIII. O mais curioso talvez esteja na combinação íntima dos arabescos cultistas com a linha reta implícita na mentalidade *ilustrada* do tempo, que afinava melhor com o Neoclassicismo. Há nele uma série de arranjos combinatórios, onde as duas vertentes se misturam em graus variáveis de interpenetração, mostrando uma estrutura profunda de vacilações que são também soluções poéticas. Isso em parte por programa, em parte por instinto poético, em parte por reflexo da ambiguidade essencial do mundo português dos Setecentos.

Mas nos poetas mineiros havia ainda outro traço, particularmente visível em Durão e Cláudio Manuel: a sobrevivência de procedimentos e concepções peculiares ao Quinhentismo português, com o seu maneirismo de um lado e o seu classicismo meio renascentista de outro. Durão tem um pouco de quinhentista retardado e um pouco de homem do seu tempo, preocupado em conciliar a razão natural com a revelação e usando o nome daquela para indicar os princípios devidos a esta. Hernani Cidade assinalou como a ausência de maravilhoso no *Caramuru* (talvez devida às lições de Luis Antônio Verney) é um elemento de modernidade e racionalidade.[1]

Além desse quinhentista transfundido de elementos contemporâneos, há também nele o teólogo e o orador sacro, formados nas argúcias da exposição e da argumentação, que no Portugal do tempo ainda obedeciam à fôrma barroca. No seu poema nós vemos brotarem a cada instante os torneios, os processos, as imagens características do espírito *culto*.

Antes de maiores detalhes, note-se que de todos os poetas mineiros do século XVIII Durão é provavelmente o que conhecemos melhor como homem. Os extraordinários documentos onde confessa a vilania ideológica que praticou contra os jesuítas, sem obter a recompensa esperada,

---

1 Hernani Cidade, "Apresentação", em Santa Rita Durão, *Caramuru* etc. Rio de Janeiro: Agir, 1977, pp. 9-10 (Coleção Nossos Clássicos).

são uma confissão e uma fonte autobiográfica como não temos nem de longe para qualquer outro. Neles aparecem a sua miséria moral, os seus rompantes, cálculos, ambições e decepções, a sua erudição e os seus hábitos. Que, se não ajudam a penetrar no miúdo da análise, talvez ajudem a entender alguns traços gerais do poema, como o gosto pelo contraste e a energia das descrições, enquadrando o senso da crueldade, a complacência nos transes sangrentos — e de repente o desejo de remanso e bonança, a ternura e a leveza da alma.

É verdade que esse contraponto de dureza e brandura que o poema denota pode vir das raízes barrocas, mergulhadas no senso das oposições do pensamento, do sentimento e da expressão. Mas não custa imaginar que poderiam corresponder também ao modo de ser desse frade tempestuoso e franzino, humilhado e agressivo, capaz tanto de se conspurcar quanto de purificar-se. Esses traços seriam marcas da sua personalidade, como são marcas da sua experiência de vida os italianismos que repontam na escrita do poema e se devem à longa residência na Itália, num tempo onde as comunicações sendo poucas, ir para o exterior era perder contato com a pátria. Cláudio Manuel, em Coimbra e nas Minas, escreveu bom italiano porque entre os seus principais modelos estavam Petrarca no passado remoto, Guarini mais perto e Metastasio no seu tempo. Basílio da Gama era italianizado intelectualmente, como o seu poema denota; mas não incorporou italianismo à linguagem. Durão, apesar do cunho maciçamente português, manifesta a impregnação do exílio em certos exemplos de sintaxe e muitos de vocabulário.

No Canto IV do *Caramuru*, estrofe 40, por exemplo, um chefe incita os companheiros bradando "orsu"; no Canto V, estrofe 28, as mulheres vêm "urlando", como os guerreiros da estrofe 43. Caso curioso é o de palavras formalmente iguais às italianas que ele prefere às mais correntes em português: "disturbar", "solevar", "emparentar"; ou "recordo" por "recordação" e "noto" por "notório", "conhecido".

No poema desse homem posto entre as concepções do passado e as do presente, entre dois países e duas culturas, é possível mostrar muitos exemplos de entrechoque, contraste, embate moral e estético, que não são colaterais, mas essenciais ao texto, pois o leitor logo percebe neste o senso e o gosto do conflito em todos os níveis: de sonoridade, de palavras, de paixões, de grupos humanos e de culturas.

3

Para abreviar, vamos ver apenas um desses muitos conflitos que dão forma à dinâmica do poema: a alternância do movimento e da violência, de um lado, com a parada e a brandura, de outro.

Como se sabe, a finalidade expressa do *Caramuru* é descrever o início da colonização da Bahia, por obra sobretudo de Diogo Álvares Correia e sua mulher, Paraguaçu. Simultaneamente há um desígnio mais importante para o poeta: a redenção do índio pela conversão. Mas na perspectiva de hoje o resultado final se traduz no choque das culturas, que caracteriza o processo colonizador, justificado pelos dois desígnios.

Em obra escrita por um padre a partir dessas premissas, seria de esperar que a catequese ocupasse lugar dominante na ação presente e na antevisão do futuro, que constituem, com a exposição das tradições indígenas, as três dimensões do poema. Mas ela acaba ficando em segundo plano, porque, embora muito importante no começo, quando Diogo expõe a sua religião e o poeta efetua uma assimilação entre ela e as crenças locais, embora invocada a todo momento, o que avulta como ação (elemento fundamental numa epopeia) é a guerra. A antevisão da história do Brasil, que Paraguaçu tem nos Cantos VIII e IX, deveria mostrar a atividade dos jesuítas (glorificados de passagem nalgumas estrofes finais), mostrando o traçado geral da ação missionária. No entanto é constituída maciçamente por guerras e combates. Contra hereges, é verdade, tornando-se, portanto, uma forma extrema de militância para preservar a religião católica. Mas de qualquer modo, guerra — e que guerra!

Comparado ao *Caramuru*, *Os Lusíadas* é um poema discreto e pouco belicoso, na medida em que Camões despacha rapidamente as cenas de batalha e reduz ao mínimo a violência do comportamento guerreiro. Aliás, ele mesmo expõe o seu critério no episódio dos Doze de Inglaterra, aludindo polemicamente aos autores de romances de cavalaria e de poemas cavaleirescos (como Ariosto):

Gastar palavras em contar extremos
De golpes feros, cruas estocadas,
É desses gastadores, que sabemos,
Maus do tempo com fábulas sonhadas.
(*Os Lusíadas*, VI, 66)

Mas o nosso frade do Inficionado não apenas dá um espaço máximo à guerra (cerca de 40% do poema), como se espraia nas cenas de combate mais do que nas outras. E quando as descreve parece ter prazer na violência, com um gosto quase alarmante pela morte, o sangue, a ferida, o despedaçamento e o gesto brutal. Isso o afasta de Basílio da Gama, que dá um tom meio elegíaco aos entreveros, amainando a guerra com seu temperamento aquático e lunar. Durão, ao contrário, é um poeta do fogo, um temperamento solar e tumultuoso, que mostra inclusive em certo trecho como o fogo vence a água.

Foi o caso em que o chefe Jararaca, raciocinando com os seus, procurou mostrar que as armas do Caramuru nada podiam no mar, porque este apaga o fogo e, com isso, o poder do intruso:

São nágua, terra e ar mui diferentes[2]
Os anhangás, que reinam divididos;
Uns, que só no ar e fogo são potentes,
Causam ventos, trovões, raios temidos;
O terremoto e pestes sobre as gentes
Movem outros na terra conhecidos:
Este, porém, que ao estrangeiro acode,
Nágua não poderá, se em fogo pode.
(v, 36)

Mas Diogo arma um bombardeio infernal em canoas carregadas de pólvora e abrasa o mar, destroçando os inimigos. Filho do fogo, filho do trovão, mas também dragão do mar, ele domina os elementos e instaura a supremacia absoluta da violência travestida em civilização. Voltando à estrofe de Camões, pode-se dizer que aqui Diogo está mais perto da brutalidade gigantesca dos romances de cavalaria, agravada pelos combates em massa e a potência mortífera das armas de fogo. Não lhe fica atrás a suave Paraguaçu, cuja ação em batalha pode servir de exemplo do mencionado gosto pelas ações sanguinolentas:

59
Paraguaçu valente ao lado dele,
Muitos mandava aos lúgubres espaços,
Semeando por onde o golpe impele

---

2 Faço aqui uma correção conjectural ao texto do poema, que traz "nágua, terra e mar" desde a primeira edição, o que é certamente erro tipográfico.

Troncos, bustos, cabeças, pernas, braços;
Nem um momento a fraca gente aguarda
Vendo-a brandir a lúcida alabarda.

60

O membrudo pai com três potentes
Robustos filhos degolou co'a espada,
E a dois nobres caetés dos mais valentes
Tendo a mão para o golpe levantada,
Com dois reveses que lhe atira ardentes,
Deixou pendentes no ar co'a mão cortada;
Bambu de um talho, que a assaltá-la veio,
Co'a cabeça ficou partida ao meio.
    (IV)

Uma escolha de cenas e expressões violentas mostraria a extensão e a intensidade desse gosto, como se pode ver pela amostra colhida só na batalha entre as tribos inimigas descritas no Canto IV: "negro sangue o campo inunda", "rota a cabeça o triste expira", "quantos a forte mão talha em pedaços", "do sangue a fronte enxuga", "com a garra e dente a pô-la em mil pedaços", "salta-lhe em cima e corta-lhe a cabeça", "o busto sobre o chão tremendo/ E a terrível cabeça sobre a espada".

Uma flecha prega no solo o pé de Jararaca:

Ficou-lhe a planta sobre a terra dura
Em tal maneira com o chão cravada,
Que por mais que arrancá-la dali prove,
Despedaça-se o pé, mas não se move.
    (IV, 69)

E

Vendo que outro remédio o não socorre,
Por ter a vida e liberdade franca,
Deixa parte do pé e a seta arranca.

(IV, 71)

Seja na guerra, na viagem, na enumeração sobrecarregada de lugares, gentes, animais e vegetais, o *Caramuru* é um poema de movimento agitado, ao contrário do ritmo suave do *Uraguai*. Como matéria e desenho é extremamente atulhado, compacto e multiforme, sinuoso no andamento, cheio de volutas narrativas. Mas de espaço a espaço surgem paradas admiráveis, remansos espraiados e singelos que marcam o contraste e mostram como esse poeta belicoso é capaz de sentir também qual seria a ordem ideal das coisas e dos seres, entre os tumultos da guerra e a agitação geral da vida. Assim, alguns momentos mais bonitos do poema são descrições onde entra a água, nos intervalos do fogo. A água com o vento brando e a flor, num ritmo corredio, que marca a suspensão provisória da violência, como, por exemplo, a descrição do paraíso dos índios, assimilado ao da Bíblia (III, 31-40).

Uma dessas paradas, particularmente significativa, é no começo do Canto IV, quando algumas estrofes remansosas formam por antítese o introito ao tumulto marcial que dali por diante ocupará dois cantos. O guerreiro Jararaca vê Paraguaçu dormindo e se apaixona por ela, mas (como é narrado a seguir) o pai não consente que a tome por mulher, e nem ela o deseja, porque está predestinada a casar com o futuro Diogo; o chefe índio então se enfurece e promove a grande guerra, para a qual mobiliza 138 mil (!) guerreiros de várias tribos — o que permite ver como o poeta, quando se tratava de combates, abandonava a realidade numérica das suas fontes e entrava na escola ariostesca, próxima dos romances de cavalaria.

Aqui está o episódio referido, um dos momentos mais felizes do poema:

2

1   Dormindo estava Paraguaçu formosa,
2   Onde um claro ribeiro a sombra corre;
3   Lânguida está, como ela, a branca rosa,
4   E nas plantas com a calma o vigor morre;
5   Mas buscando a frescura deleitosa
6   De um grão maracujá, que ali discorre,
7   Recostava-se a bela sobre um posto,
8   Que, encobrindo-lhe o mais, descobre o rosto.

3

9   Respira tão tranquila, tão serena,
10   E em langor tão suave adormecida,
11   Como quem livre de temor, ou pena,
12   Repousa, dando pausa à doce vida.
13   Ali passar a ardente sesta ordena
14   O bravo Jararaca, a quem convida
15   A frescura do sítio e sombra amada,
16   E dentro dágua a imagem da latada.

4

17   No diáfano reflexo da onda pura
18   Avistou dentro dágua buliçosa,
19   Tremulando, a belíssima figura.
20   Pasma, nem crê que a imagem tão formosa
21   Seja cópia de humana criatura.
22   E remirando a face prodigiosa,
23   Olha de um lado e de outro, e busca atento
24   Quem seja original deste portento.

5

25 Enquanto tudo explora com cuidado,
26 Vai dar cos olhos na gentil donzela;
27 Fica sem uso dalma arrebatado,
28 Que toda quanta tem se ocupa em vê-la:
29 Ambos fora de si, desacordado
30 Ele mais de observar coisa tão bela,
31 Ela absorta no sono em que pegara,
32 Ele encantado em contemplar-lhe a cara.

6

33 Quisera bem falar, mas não acerta,
34 Por mais que dentro em si fazia estudo.
35 Ela de um seu suspiro olhou desperta;
36 Ele daquele olhar ficou mais mudo.
37 Levanta-se a donzela mal coberta,
38 Tomando a rama por modesto escudo;
39 Pôs-lhe os olhos então, porém tão fera,
40 Como nunca beleza se pudera.

7

41 Voa, não corre, pelo denso mato,
42 A buscar na cabana o seu retiro;
43 E, indo ele a suspirar, vê num ato
44 Em meio ela fugir do seu suspiro.
45 Nem torna o triste a si por longo trato,
46 Até que, dando à mágoa algum respiro,
47 Por saber donde habita, ou quem seja ela,
48 Seguiu voando os passos da donzela.

Este trecho exemplifica uma das contribuições dos poetas daquele tempo para a configuração da nossa literatura: inserir as peculiaridades locais num sistema expressivo tradicional, que as incorporasse à civilização colonizadora. Foi o que fizeram o *Uraguai* e o *Caramuru*. O índio e a natureza, tratados literariamente, importavam numa espécie de integração do mundo americano à expressão culta das fontes civilizadoras, sublimando o esmagamento das culturas locais. Ao mesmo tempo importavam em renovar os símbolos cansados da tradição de origem clássica, levando ao patrimônio comum da literatura ocidental a perspectiva de um temário novo e uma nova forma. Essa dupla corrente se manifesta no Sono de Paraguaçu — nome que podemos dar ao trecho.

A índia está dormindo à sombra de um maracujá — o que situa a cena no mais denso pitoresco americano, sendo ao mesmo tempo uma situação tópica na poesia europeia: a beldade surpreendida durante o sono num bosque ou jardim. O ambiente descrito é um típico "lugar ameno", isto é, o lugar idealizado que aparece nas literaturas de inspiração clássica para enquadrar cenas de euforia e paz, sugerindo a ideia de plenitude dos sentidos e da mente, segundo a análise conhecida de Ernst Robert Curtius. No texto ele é indicado por poucos elementos: riacho murmurante e cristalino, frescura, flores viçosas. O poeta apenas sugere a amenidade e deixa de lado a natureza para se concentrar na figura humana. O vínculo entre ambiente e pessoa é dado pela água, que funciona como espelho trêmulo onde o guerreiro intruso vê o mundo e a moça, que desse modo são elevados ao plano do ideal. Num poeta cheio de reminiscências quinhentistas, não é demais pensar que se trata duma situação de cunho platônico, nos dois sentidos: a realidade suprema vista pelos homens apenas através do seu reflexo nas coisas imperfeitas (o mito da caverna); e o amor encarado como superior nas suas formas ideais. Seria o caso dessa beldade, amada através da imagem no espelho, que poderia ser também a alma. Divagando um pouco, imaginemos que o "claro ribeiro" (verso 2) teria simultaneamente a virtude daquelas fontes dos dois *Orlandos*, o de Boiardo e o de Ariosto — uma gerando amor; outra, aversão. Simbolicamente, é como se Jararaca houvesse bebido na primeira, Paraguaçu na segunda.

O princípio estrutural do trecho pode estar na oscilação entre a realidade e o seu reflexo. A realidade, isto é, Paraguaçu e o "lugar ameno", não aparece de maneira direta a Jararaca, mas projetada na "onda pura" (verso 17, admiravelmente tremulante), o que equivale a elevar o real à potência imaginária do ideal e cria uma situação viva de ida e vinda entre as duas esferas. Mas a esfera da visão e do sonho logo se rompe e o poeta faz um movimento de volta à realidade propriamente dita, enriquecida por esse desvio na transcendência. Procurando a origem daquela beleza toda, Jararaca encontra, com o olhar, Paraguaçu já revestida do cunho de arquétipo, e por isso mesmo ainda mais bela que o seu reflexo. Por outras palavras, quando a realidade corpórea de Paraguaçu e do "lugar ameno" é reintroduzida, ela já está valorizada pela contemplação anterior do ideal.

Como nas imagens clássicas de beleza suprema, a transcendência se prende aqui à suspensão do movimento: na índia adormecida, em virtude do sono; no guerreiro, pelo pasmo que o deixa "desacordado" (verso 29) e "encantado" (verso 32) no sentido próprio e forte do termo, isto é, presa de um efeito mágico que o tira fora de si. Mas a imobilidade é curta como um equilíbrio instável, e tão frágil que um suspiro a interrompe (verso 35); e o lampejo de plenitude não volta mais. A fuga da moça significa o retorno do movimento e o reingresso nas relações normais, onde a espera o esposo branco predeterminado pela Providência. A perseguição apaixonada de Jararaca (lugar-comum nos romances e poemas cavaleirescos) apenas preludia a recusa de Paraguaçu, que despertará o ódio e o lançará contra o Dragão intruso, vindo do mar para romper a ordem do seu mundo, como ele diz nas belas estrofes 32-39 do Canto IV.

Por isso o deslumbramento do guerreiro é extremamente patético, na medida em que ele não percebe como a figura revelada pelo espelho das águas tem alguma coisa da natureza fatal das iaras — pois contém em germe a sua destruição e a destruição da sua cultura. Por baixo dos versos de Durão parecem surgir por associação outros de Cláudio Manuel da Costa, na cantata "Nize", que falam da dureza oculta pela graça enganadora de uma beleza também refletida na água:

Não vejas, Nize amada
A tua gentileza
No cristal dessa fonte. Ela te engana;
Pois retrata o suave
E encobre o rigoroso.

O breve episódio do sono de Paraguaçu fica no poema não apenas como símbolo daquela ordem, mas como suspensão do tempo, da guerra, da imposição religiosa, da brutalidade colonizadora. É a pura imagem do mundo natural no espelho do sonho, antes da ruptura — que é catástrofe para o índio e, para o português de Durão, vitória da Graça, álibi da dominação.

No corte renascentista do episódio nós vislumbramos reminiscências ou afinidades possíveis com a paisagem de Diogo Bernardes, dos italianos que cantaram o triunfo da Primavera, do prodigioso Ariosto e suas guerreiras fugidias, tudo formando um oásis no poema. Mas a presença dos índios e do "grão maracujá" (verso 6) subverte de algum modo esse complexo tradicional, introduzindo em seu âmago a novidade da componente americana. Segundo a interpretação sugerida acima, o mesmo produto artístico se torna exótico para o europeu e europeu para o brasileiro.

4

Esta amostra procura ilustrar a função das paradas no movimento tumultuoso do *Caramuru*, além de apontar para a sua ambígua dialética dentro da mentalidade colonizadora. Caberá uma extrapolação? Se couber eu diria que os poetas mineiros do século XVIII viveram intensamente problemas desse tipo, inclusive sob o aspecto de confronto das duas ordens culturais opostas: a europeia e a americana (ou: a civilizada e a primitiva).

Nas Minas Gerais o problema se complicava, porque a desordem dos arraiais mineradores constituía problema inquietante, que levou a considerar a áspera superordenação colonial como condição (mesmo iníqua) de paz e trabalho. Cláudio viveu diretamente esse aspecto da questão e o debateu a seu modo no medíocre poema épico *Vila Rica*. Durão deve tê-lo vivido indiretamente, por leitura e ouvir dizer, inclusive a respeito da atividade repressora do pai, o sargento-mor Paulo Rodrigues Durão, que, aliás, um ano antes do seu nascimento foi obrigado pela autoridade eclesiástica a pôr fora de casa a mulher com quem vivia e lhe dera diversos filhos (seria a mãe do poeta, com a qual teria casado em seguida para regularizar as coisas?).[3]

Para essa gente a desordem era o mal supremo, e a certa altura do *Caramuru* vemos que é a própria marca do inferno:

Dentro nada se vê na sombra escura;
Mas no vislumbre fúnebre e tremendo
Distingue-se com vista mal segura
Um antro vasto, tenebroso e horrendo;

---

3 Sobre esses fatos, veja-se: Laura de Mello e Souza, *Desclassificados do ouro: A pobreza mineira no século XVIII*. Rio de Janeiro: Graal, 1982, pp. III e 153.

Ordem nenhuma tem; tudo conjura
Ao sempiterno horror, que ali compreendo:
Mutuamente mordendo-se de envolta,
Um noutro agarra, se o primeiro o solta.

(III, 26)

Sendo assim, o índio era assimilado ao universo perigoso da desordem. A organização da sua vida social, que o poeta reconhece e descreve, seria no máximo uma outra ordem, sobrevivência amortecida e já corrupta da comum origem bíblica, que era preciso reduzir à pureza da ordem verdadeira, isto é, a do católico colonizador e predatório. Desse modo a violência se justificava como salvação. Diogo aparece enquanto Justificador, inclusive da posse da terra pelos portugueses, aos quais sua mulher transfere os próprios *direitos* de princesa soberana. Nesse contexto a violência surge como instrumento da fé e da justiça, o que dá amparo ideológico ao gosto poeticamente belicoso do nosso frade. Ela assegurava nas Minas aventureiras dos Setecentos o triunfo da ordem a qualquer preço. Mal comparando com Castro Alves, ordem pois no vale e na serra, que se ela rola na terra El-Rei colhe ouro nos cofres. De permeio, os sonhos de paz, as paradas no lugar ameno logo perdido.

Uma aldeia falsa

I

1 Eu, Marília, não fui nenhum vaqueiro,
2 fui honrado pastor da tua aldeia:
3 vestia finas lãs e tinha sempre
4 a minha choça do preciso cheia.
5 Tiraram-me o casal e o manso gado,
6 nem tenho a que me encoste um só cajado.

7 Para ter que te dar, é que eu queria
8 de mor rebanho ainda ser o dono;
9 prezava o teu semblante, os teus cabelos
10 ainda muito mais que um grande trono.
11 Agora que te oferte já não vejo,
12 além de um puro amor, de um são desejo.

13 Se o rio levantado me causava,
14 levando a sementeira, prejuízo,
15 eu alegre ficava, apenas via
16 na tua breve boca um ar de riso.
17 Tudo agora perdi; nem tenho o gosto
18 de ver-te ao menos compassivo o rosto.

19 Propunha-me dormir no teu regaço
20 as quentes horas da comprida sesta,

21 escrever teus louvores nos olmeiros,
22 toucar-te de papoilas na floresta.
23 Julgou o justo céu que não convinha
24 que a tanto grau subisse a glória minha.

25 Ah! minha bela, se a fortuna volta,
26 se o bem, que já perdi, alcanço e provo,
27 por essas brancas mãos, por essas faces
28 te juro renascer um homem novo,
29 romper a nuvem que os meus olhos cerra,
30 amar no céu a Jove e a ti na terra!

31 Fiadas comprarei as ovelhinhas,
32 que pagarei dos poucos do meu ganho;
33 e dentro em pouco tempo nos veremos
34 senhores outra vez de um bom rebanho.
35 Para o contágio lhe não dar, sobeja
36 que as afague Marília, ou só que as veja.

37 Se não tivermos lãs e peles finas,
38 podem mui bem cobrir as carnes nossas
39 as peles dos cordeiros mal curtidas,
40 e os panos feitos com as lãs mais grossas.
41 Mas ao menos será o teu vestido
42 por mãos de amor, por minhas mãos cosido.

43 Nós iremos pescar na quente sesta
44 com canas e com cestos os peixinhos;
45 nós iremos caçar nas manhãs frias
46 com a vara enviscada os passarinhos.
47 Para nos divertir faremos quanto
48 reputa o varão sábio, honesto e santo.

49 Nas noites de serão nos sentaremos
50 cos filhos, se os tivermos, à fogueira:
51 entre as falsas histórias, que contares,
52 lhes contarás a minha, verdadeira.
53 Pasmados te ouvirão; eu, entretanto,
54 ainda o rosto banharei de pranto.

55 Quando passarmos juntos pela rua,
56 nos mostrarão co dedo os mais pastores,
57 dizendo uns para os outros: — Olha os nossos
58 exemplos da desgraça e sãos amores.
59 Contentes viveremos desta sorte,
60 até que chegue a um dos dois a morte.

Este é o texto de uma Lira da segunda parte de *Marília de Dirceu*, de Tomás Antônio Gonzaga, que na edição preparada por M. Rodrigues Lapa para o Instituto Nacional do Livro recebeu o número 77.

O seu significado ostensivo é o mais óbvio possível, pois corresponde exatamente ao enunciado, que por sua vez não apresenta qualquer dificuldade de compreensão. Não é preciso dicionário, salvo para uma ou outra palavra, como "casal" (verso 5), termo hoje inusitado no Brasil com o sentido que tem no poema, isto é, propriedade rural pequena, mais ou menos equivalente ao nosso atual "sítio".

Nesta Lira, um pastor se dirige a Marília e, para começar, narra como a sua prosperidade e a sua vida cercada de respeito foram interrompidas por um acidente catastrófico, cuja natureza não esclarece, e compara a situação anterior de abastança e felicidade com a atual, de privação e angústia.

Em seguida, imagina como há de ser a existência de ambos, se a sorte virar e ele readquirir a posição perdida. Diz que recomeçará do nada e se contentará com a pobreza, contanto que Marília esteja ao seu lado. Diz ainda que o contraste entre a desgraça anterior e a felicidade recuperada servirá de exemplo aos filhos e a todos os pastores da aldeia. E assim viverão felizes até a morte.

A tonalidade geral do discurso corresponde a essa simplicidade do assunto. Há nela uma limpidez reforçada pela ordem expositiva clara e direta, com raras e moderadas inversões sintáticas, como "do preciso cheia" (verso 4), "de mor rebanho ainda ser o dono" (verso 8) e outras do mesmo tipo. Habituado às neblinas da poesia contemporânea, o leitor fica meio perplexo com esse discurso despojado e sem mistério, que parece entregar tudo à primeira vista; mas nota que ele é fruto de uma contensão elaborada, não de uma tranquilidade real. Nota que o poeta deliberou "não fazer tragédia", atenuando com urbanidade clássica a situação de infelicidade e privação, que é o tempo presente do enunciado; mas que a limpidez serena contrasta com um sombrio elemento dramático. Daí a impressão de dor contida, que não grita e se traduz no aludido efeito de simplicidade.

Este é devido também à ausência impressionante de linguagem figurada: não há uma só imagem, os sessenta versos são feitos com palavras usadas no sentido mais despojadamente próprio, com dois únicos torneios de remoto fundo metonímico ou metafórico, praticamente apagado pela incorporação ao uso: "as carnes nossas" (em lugar de "corpo", verso 38) e "o rosto banharei de pranto" (verso 54).

Entretanto *no seu todo* o poema é figurado, graças à própria natureza da poesia pastoral, ou de inspiração pastoral, que pressupõe uma visão que se pode chamar alegórica da vida. De fato, nela existe, sob a expressão direta, um sistema completo de significados indiretos, ou "oblíquos" (diria Tillyard), pois ela reduz homens cultos, de bom nível social, a uma condição de modesta rusticidade, que é simulada. O leitor entra no jogo e finge acreditar, sabendo que a simplicidade é não apenas relativa, mas altamente convencional, pois há uma contradição básica, deformadora, entre o plano explícito e o plano implícito.

> Eu, Marília, não fui nenhum vaqueiro,
> fui honrado pastor da tua aldeia,

significa alegoricamente: "Eu, Marília, não fui uma pessoa de condição social inferior, mas alguém que exercia alto cargo público, e como tal era respeitado na tua vila" (no caso, "honrado" não quer dizer "honesto", e sim que merece tratamento honroso; o mesmo que "considerado").

Esse desejo de simplicidade (convencional) leva o poeta a não recuar ante expressões e conceitos aparentemente banais. Embora faça versos cheios de magia poética, a exemplo do de número 22 —

> toucar-te de papoilas na floresta, —
> (T   T   P P   T)

a maior parte do poema parece raspar pelo prosaísmo dos assuntos mais corriqueiros:

> Fiadas comprarei as ovelhinhas,
> que pagarei dos poucos do meu ganho;
> e dentro em pouco tempo nos veremos
> senhores outra vez de um bom rebanho.

Essa conversa de negócios é um toque inesperado, que hoje nos parece moderno no meio dos artifícios pastorais, e se enquadra na atitude mental que Hernani Cidade assinala:

> Naturalidade, perfeita simplicidade, nos temas da vida mediana e na expressão, sem engomada rigidez arcádica [...]. É a concepção

burguesa da vida, que se substitui à concepção aristocrática, é o século XIX que se aproxima, o século herdeiro da Grande Revolução que trouxe o triunfo do terceiro estado...[1]

Na Lira 77 a simplicidade quase banal se "poetiza", não apenas pelo tratamento estético, mas pela figuração geral já aludida: essas finanças e usos de aldeia são um modo disfarçado de representar a vida da gente bem-posta. O fundo alegórico transfigura o prosaísmo.

Nisto Gonzaga difere dos poetas de hoje, que incorporaram a simplicidade cotidiana, e até a vulgaridade, de maneira direta, sem metrificá-la nem tratá-la como fachada de um sentido oculto. Veja-se, a este propósito, como a singeleza da Lira 77 é diversa da que aparece num poema de Manuel Bandeira:

POEMA SÓ PARA JAIME OVALLE

Quando hoje acordei, ainda fazia escuro
(Embora a manhã já estivesse avançada).
Chovia.
Chovia uma chuva triste de resignação
Como contraste e consolo ao calor tempestuoso da noite.
Então me levantei,
Bebi o café que eu mesmo preparei,
Depois deitei novamente, acendi um cigarro e fiquei pensando...
— Humildemente pensando na vida e nas mulheres que amei.

Para concluir: a simplicidade da expressão corresponde à simplicidade da alegada condição social, mas com um elemento

---

1 *Lições de cultura e literatura portuguesa*, v. 2: *Da reação contra o formalismo seiscentista ao advento do Romantismo*. 2. ed. Coimbra: Coimbra Editora, 1940, p. 290.

implícito de distorção, que é a alegoria, funcionando como disfarce da condição verdadeira. E assim temos duas contradições: a primeira é o conflito entre a serenidade simples do tom e a tragédia da situação real; a segunda é o conflito entre a rusticidade do assunto e o refinamento efetivo do emissor do discurso. O que temos pela frente é uma simplicidade artificialmente construída, um curioso disfarce poético.

Isso ficará mais claro na etapa da análise em que vamos entrar, procurando descobrir qual é a organização geral do discurso, ou seja, o arranjo responsável pela estrutura aparente, a ordenação estética das palavras e expressões.

2

A Lira 77 se divide em duas partes, com uma estrofe intermediária de ligação. A primeira parte é formada pelas quatro estrofes iniciais, do verso 1 ao verso 24; a intermediária é a estrofe 5, do verso 25 ao verso 30; a segunda parte é formada pelas cinco estrofes seguintes, do verso 31 ao verso 60. Em número de estrofes, temos: 4 + 1 + 5. Em número de versos, 24 + 6 + 30.

A primeira parte se refere ao passado, e por isso é construída sobre os pretéritos, perfeito e imperfeito, que predominam, mas apoiados em ocorrências do presente funcionando como contraste. É esse contraste que suscita a situação dramática. Na 1ª estrofe temos: "não fui", "fui", "vestia", "tinha", "tiraram-me" × "nem tenho". Na 2ª: "queria ser", "prezava" × "não vejo". Na 3ª: "causava", "ficava", "via", "perdi" × "tenho de ver". A 4ª estrofe termina a primeira parte, que recapitula o passado; talvez por isso só tenha verbos no pretérito; e no dístico final o Eu lírico é substituído pela providência divina, que já decidiu todo o processo: (eu) "propunha-me" (dormir, escrever, tocar); "julgou" ("o justo céu").

Na estrofe de transição (versos 25-30), é interessante observar a força de um futuro ainda embutido no presente, porque é apenas desejo, e por isso tem, na verdade, uma natureza de condicional. Concretamente, vemos três falsos presentes, que mais parecem futuros do subjuntivo ("se volta" = "se voltar"; "se alcanço" = "se alcançar"; "se provo" = "se provar"), e mais três presentes de verbos compostos, que funcionam como futuros, porque equivalem a uma projeção sobre o que a imaginação e o desejo constroem de modo imaginário: "juro renascer" = "renascerei"; "juro romper" = "romperei"; "juro amar" = "amarei".

Esses futuros indecisos, disfarçados, abrem caminho para os futuros fracos, definidos, que predominam na segunda parte da Lira, com um único momento (versos 35-36) em que o presente do subjuntivo entra como se se tratasse, não de antevisão, mas da realidade atual, que o poeta apresenta como hipótese: "sobejaria que as afagasse Marília, ou só que as visse". Outro momento parecido está no verso 38, onde há um presente com função de futuro.

Vemos então que as duas partes do poema correspondem (1) à nostalgia do passado, contrastando com (2) a ilusão do futuro; e que há um movimento de passagem de um para o outro na decisiva estrofe intermediária (eixo da composição), onde temos dois momentos; nos versos 25-26, o condicional, latente nos futuros do subjuntivo disfarçados de presente do indicativo, freia o devaneio, que explode nos versos seguintes, já mergulhados no futuro franco.

Esses movimentos do poema penetram no subconsciente do leitor devido a uma espécie de sedimentação dos modos e tempos verbais, que primeiro nos puxam para o passado, depois nos atiram sobre o futuro. O argumento se torna assim experiência incrustada em nossa sensibilidade, por causa da insistência dos verbos e da maneira de os distribuir. Eles marcam o cunho patético de um bem perdido, que existiu apenas no passado, isto é, na recordação, em conflito com a tenacidade da esperança, que aparece como devaneio, sonho acordado procurando tornar realidade um futuro desconhecido. Trata-se, pois, da extrema fragilidade do destino; de um fracasso real compensado apenas pela esperança, que tem por única força o aleatório do devaneio.

Nesta altura, percebemos que na Lira 77 o espaço poético está ligado intimamente à representação do tempo, uma vez que este compõe os dados do seu encadeamento, definindo através da modulação dos verbos o espaço perdido e o espaço recuperado pelo devaneio. Os dois espaços pastorais (o perdido e o sonhado; o que acabou e o que ainda não existe) se dissolvem na dimensão temporal e se definem não apenas estaticamente pela descrição de seu aspecto (choça, rio, olmeiros etc.), mas pela dinâmica dos modos e tempos verbais.

3

A leitura que acaba de ser feita teve por fim verificar qual é a organização geral do discurso; mas deve ser completada por outra, visando não à estrutura do conjunto, e sim à de cada estrofe.

Veremos então que, salvo a intermediária, de transição, as estrofes da primeira e da segunda parte são formadas por duas unidades, ou dois enunciados distintos, correspondentes a dois períodos gramaticais: o primeiro, formado pelos quatro versos iniciais; o segundo, pelos dois finais. Marcando a sua função intermédia, a estrofe de ligação é construída por um só período; isto é, a sua função é espelhada pela sua estrutura, como se fosse uma ponte.

Lendo com atenção, notaremos algo mais a este respeito: os dois enunciados, na primeira parte do poema, têm entre si uma relação contraditória, porque o primeiro período é uma evocação, e o segundo, a negação desta. Ou, por outra: o primeiro período evoca um estado de felicidade, enquanto o segundo registra a sua destruição por uma fatalidade não determinada. Por exemplo (versos 13-18):

1º período
Se o rio levantado me causava,
levando a sementeira, prejuízo,
eu alegre ficava, apenas via
na tua breve boca um ar de riso.

2º período
Tudo agora perdi; nem tenho o gosto
de ver-te ao menos compassivo o rosto.

Já na segunda parte do poema, a partir do verso 31, a relação entre os enunciados é diferente: o primeiro período gramatical descreve um traço da vida modesta, mas feliz, que o devaneio constrói sobre o futuro; o segundo período reforça em sentido positivo essa felicidade. Por exemplo (versos 43-48):

1º período
Nós iremos pescar na quente sesta
com canas e com cestos os peixinhos;
nós iremos caçar nas manhãs frias
com a vara enviscada os passarinhos.

2º período
Para nos divertir faremos quanto
reputa o varão sábio, honesto e santo.

Isso mostra como são grandes as diferenças de enunciado entre as duas partes, o que se pode ver também na construção propriamente dita. Na primeira a regularidade é absoluta, e a composição das estrofes é mais complexa, porque o primeiro período de cada estrofe é sempre formado por dois segmentos bem nítidos, cada um contendo um subenunciado, relativamente autônomo, por ser algo diverso do outro. Por exemplo: na 2ª estrofe, o primeiro segmento (versos 7-8) fala de bens materiais que o pastor quereria ter, para poder dar ainda mais coisas a Marília; o segundo segmento (versos 9-10) diz que a beleza dela valia para ele mais do que o poder. São, portanto, duas coisas diferentes, convergindo para o mesmo efeito, e dando à divisão binária principal um certo ritmo ternário. Exemplo com a 4ª estrofe (versos 19-24):

1º período
(1º segmento)
Propunha-me dormir no teu regaço
as quentes horas da comprida sesta,

(2º segmento)
escrever teus louvores nos olmeiros,
toucar-te de papoilas na floresta.

2º período
Julgou o justo céu que não convinha
que a tanto grau subisse a glória minha.

Aí, como nas outras estrofes da primeira parte, observa-se, primeiro, a evocação do passado, dividida em dois segmentos; depois, o registro da desgraça. Uma estrutura bem amarrada, portanto; solidamente arquitetada.

A estrofe de ligação (versos 25-30) é composta num só jato, embora em ritmo ternário, com três pares de dois versos. O primeiro par alude à volta eventual da felicidade; o segundo faz um juramento; o terceiro explicita o conteúdo do juramento. Mas como os três segmentos são, na verdade, unificados pelo fluir do ritmo, podemos dizer que a estrofe de ligação "desamarra" o travamento forte das anteriores.

Isso parece liberar a composição da segunda parte, que é feita de estrofes cuja segmentação é menos marcada, embora sejam compostas conforme o mesmo modelo binário de períodos separados. Só que nelas o ritmo ternário subjacente é pouco acentuado, embora ocorra em todas as estrofes, inclusive na 7ª, onde é quase apenas um vestígio (1 verso + 3 versos + 2 versos). Além disso, vimos que na primeira parte do poema o primeiro período de cada estrofe se desdobra em subenunciados, que diferenciam internamente o enunciado principal. Na segunda parte, o primeiro período é formado por enunciados mais simples, ou mais íntegros, embora haja uma pequena tendência à diferenciação. Mais ainda: nas suas estrofes, o segundo período, em vez de se opor, completa o precedente e faz corpo com ele, de maneira que nesta segunda parte cada estrofe constitui um enunciado geral bastante unificado. A 6ª estrofe, por exemplo, fala só de ovelhas, embora sob mais de um aspecto; a 7ª fala de vestuário; a 8ª, de divertimentos, embora também diversificando-os; a 9ª fala da desgraça passada, evocada na intimidade do lar; a 10ª é a única com dois períodos relativamente autônomos, porque o primeiro (versos 55-58) fala do casal de pastores servindo de exemplo na velhice; e o segundo (versos 59-60) faz um resumo que vale para as cinco estrofes anteriores. Assim, as estrofes finais da primeira e da segunda parte são algo diversas das precedentes, marcando a função de encerramento.

Se fizermos mais uma leitura, pensando ao mesmo tempo na organização do conjunto e na de cada parte, podemos verificar que, embora o conjunto forme uma sequência perfeitamente coesa, essa coesão é devida a uma certa justaposição de estrofes relativamente autônomas. Cada estrofe tem individualidade própria, que a separa das outras e faz de cada uma um pequeno sistema bastante a si: seja uma espécie de quadro, seja uma reflexão ligada ao quadro natural. Portanto estamos em face de uma estrutura una, mas segmentada, como composição sobre mosaico. No entanto o poema flui admiravelmente e possui unidade perfeita. A razão disso deve ser pedida a um outro nível, o da estrutura profunda, cujos elementos já foram fornecidos pela análise que acaba de ser feita da estrutura aparente.

4

No nível profundo, a análise de um poema é frequentemente a pesquisa das suas tensões, isto é, dos elementos ou significados contraditórios que se opõem, e poderiam até desorganizar o discurso; mas na verdade criam as condições para organizá-lo, por meio de uma unificação dialética.

Especificando o seu conceito de *plurisignation*, diz Philip Wheelwright que ele consiste no

> fato de que um símbolo expressivo tende, em qualquer ocasião em que se realize, a conter mais de uma referência legítima, de tal maneira que o seu significado próprio é uma tensão entre duas ou mais direções de força semântica.[2]

Embora se refira ao aspecto especificamente semântico de cada palavra, essa formulação serve para abranger, em sentido amplo, os aspectos estruturais.

2 *The Burning Fountain: A Study in the Language of Symbolism*. Bloomington: Indiana University Press, 1954, p. 61.

No caso desta Lira, seria possível dizer que os elementos de tensão constituem princípios estruturantes, núcleos dinâmicos, acima dos quais predomina o princípio organizador.

Na Lira 77 as tensões se dispõem nos seguintes pares antitéticos:

rusticidade	×	refinamento
enunciado direto	×	alegoria
tranquilidade	×	desgraça
espaço destruído	×	espaço redimido
passado	×	futuro
realidade	×	sonho (devaneio)

Todas essas tensões se misturam e se combinam. Algumas são explícitas, no nível do discurso ostensivo; outras são implícitas, no nível oculto — e já foram vislumbradas quase todas. Vistas agora num conjunto sistematizado, elas parecem mostrar que o poema repousa sobre um movimento dialético, que as integra e supera, construindo a unidade da expressão.

O primeiro par (rusticidade × refinamento) é próprio do gênero literário a que esse poema se liga: o pastoral. O espaço rústico apresentado aqui é constituído por cabanas, lãs tecidas artesanalmente, pastoreio de ovelhas, agricultura, contato direto com a natureza, divertimentos campestres. Esses elementos formam o quadro de uma atividade rústica, implicando situação social modesta, apesar da abastança relativa que é declarada.

No entanto, a expressão é culta e contraria a realidade descrita. Com efeito, por baixo há uma outra (a verdade biográfica do poeta), que ela transfigura por meio da alegoria e nós não conseguimos apreender se não entrarmos no jogo da convenção literária. A realidade disfarçada contradiz, na sua obscuridade alegórica, a clareza meridiana do discurso, e entra em concorrência com ele, opondo-se a ele de certo modo.

Além disso, o discurso desse poema não se caracteriza apenas pela clareza e simplicidade, mas por uma serenidade contida, um estoicismo em face do destino adverso, contrastando com o assunto — um desastre incrível, que tirou tudo o que o pastor possuía e o afastou da pastora amada; uma tragédia que destruiu o seu espaço de vida e o leva, como compensação, a buscar pela imaginação um espaço novo, depurado na esfera do devaneio. Esse movimento se processa numa tensão violenta entre, de um lado, a realidade cruel do presente e a nostalgia do passado; de outro, a projeção irreal sobre o futuro. No cruzamento de ambos, isto é, do passado e do futuro, fica situado o drama atual.

Sobre esses princípios estruturantes, expressos por pares de sentidos contraditórios, que puxam o significado para extremos opostos, atuam os princípios organizadores da sua unidade, responsáveis pelo impacto final em nossa sensibilidade. Na Lira 77, o grande elemento unificador é a simetria, princípio clássico por excelência, que assegura a naturalidade do discurso, apresentando-o como algo regular, contido, que supera as tensões. Por meio da simetria, o material da emoção e da experiência se transforma em objeto estético; e este move a sensibilidade do leitor.

A simetria, definida agora, já tinha aparecido no nível da estrutura aparente, tendo sido mesmo aquilo que surgiu de mais óbvio na sua análise. Com efeito, se recapitularmos, teremos o seguinte quanto ao "aspecto físico":

1. o poema se divide em duas partes sensivelmente iguais, dialeticamente opostas, com um segmento conector: 4 estrofes + 1 estrofe + 5 estrofes = 2 blocos simétricos e sua ligação;
2. todas as estrofes são construídas de modo absolutamente igual (salvo a de ligação): 4 versos formando 1 período + 2 versos formando 1 período = 4 + 2;

3. na primeira parte, os quatro versos iniciais de cada estrofe têm uma construção também regular, com dois subenunciados, resultando, quanto ao ritmo, um esquema ternário: 2 + 2 + 2;

4. as estrofes da segunda parte têm enunciados mais unos, mas o mesmo ritmo ternário;

5. cada uma das duas partes é internamente simétrica em suas estrofes; comparadas, apresentam igualdades e diferenças (correspondentes a duas dimensões diferentes do tempo);

6. a estrofe final de cada parte apresenta diferenças em relação às precedentes, o que acentua a sua função idêntica na composição do todo.

Poderíamos então dizer que as tensões, algumas das quais formadas por dilaceramentos afetivos e morais, são sobrepujadas pelo triunfo do espírito, da inteligência ordenadora, por meio da simetria, que caracteriza a obra como vitória da ordem sobre o tumulto das paixões. E isso é bem característico da convenção clássica.

No entanto, trata-se de simetria imperfeita, com elementos de irregularidade, como uma igreja com duas torres diferentes, ou um quadro onde os volumes de um lado são maiores em relação aos do outro. Isso talvez seja o bicho na fruta, o aviso de que a ordem da arte não compensa inteiramente o drama, a afirmação da singularidade psicológica violentada até certo ponto pela força generalizadora da organização estética.

5

Até aqui o texto foi descrito, sucessivamente, em seus dois níveis; e nessas etapas foi considerado mais ou menos como um "objeto" que o analista manipula. A partir de agora, será concebido não como um todo autônomo, mas parcela de um todo maior. Assim como as partes do poema são elementos de um conjunto próprio, o poema por sua vez é parte de um conjunto formado pelas circunstâncias da sua composição, o momento histórico, a vida do autor, o gênero literário, as tendências estéticas do seu tempo etc. Só encarando-o assim teremos elementos para avaliar o significado da maneira mais completa possível (que é sempre incompleta, apesar de tudo).

Começando por um paradoxo aparente: se não fosse de quem é, a Lira 77 seria diferente, embora sendo a mesma. Por outras palavras: a estrutura e a organização seriam as mesmas, mas o significado seria diferente em boa parte. Ela seria a mesma obra de arte, o mesmo objeto que se pode analisar, mas produziria efeito diverso e no fundo significaria outra coisa. Só sabendo que é de Gonzaga, e conhecendo as circunstâncias biográficas em que foi composta, ela adquire significado pleno, e, portanto, exerce pleno efeito. O conhecimento da estrutura não basta.

Essa Lira foi escrita na prisão da ilha das Cobras, ou na da Ordem Terceira de Santo Antônio, ambas no Rio de Janeiro, entre 1789 e 1793, pelo desembargador já nomeado da Relação da Bahia Tomás Antônio Gonzaga, acusado de participar duma conspiração contra o Estado português, e, portanto, implicado eventualmente em crime de lesa-majestade. A pena era o confisco dos bens, a infâmia social e a morte. A Marília referida é nome pastoral que deu a sua noiva Joaquina Doroteia de Seixas, de uma família rica e importante da Capitania de Minas (o nome pastoral assumido por Gonzaga, segundo a convenção dos árcades, era Dirceu).

Ele está longe da amada, sente a sua falta, pensa na perda da posição social e procura consolo imaginando que, se sair absolvido ou perdoado, recomeçará a vida sem outras preocupações a não ser as da felicidade familiar; assim é que promete casar com ela e viver obscuramente, mas em paz, numa modéstia cheia de encantos. É uma variante do tema da mediocridade dourada, que aparece em Horácio e era lugar-comum da poesia ocidental.

Ao contrário do que acontece noutros poemas, o conhecimento da biografia é importante para a análise deste; antes de mais nada, porque permite avaliar de maneira mais completa a função da alegoria pastoral. Se ignorarmos a vida de Gonzaga, é certo que a leitura basta para fruirmos o enunciado no nível ostensivo, em todo o seu encanto rústico. Mas tudo fica mais claro e significativo se conhecermos a natureza das vantagens cuja perda o falso pastor lamenta: coisas como o cargo judiciário, influência política e social, a casa confortável que ainda hoje podemos visitar em Ouro Preto, o requintado guarda-roupa que consta do arrolamento dos bens, nos *Autos de devassa da Inconfidência Mineira*.

Num poema anterior, de número 53 na edição Rodrigues Lapa, ele alegava tudo isso na fase feliz, sob a mesma forma alegórica, para captar a namorada. Segundo Alberto Faria, esta Lira 53 é baseada na "Écloga II" de Virgílio, onde o pastor Coridon procura seduzir o belo Alexis, alegando a própria aparência e oferecendo bens e presentes.[3] O tema era obsessivo em Gonzaga, pois já havia feito sobre ele uma primeira lira (número II), e o retoma pelo avesso na primeira parte da 77, sublimando-o na segunda parte por meio do tema da áurea mediocridade.

Os três poemas devem ser lidos em sequência, inclusive para se avaliar como os lugares-comuns clássicos (e a alegoria pastoral, verdadeiro sistema de lugares-comuns), apesar da sua generalidade e fixidez, podem funcionar em vários contextos, adquirindo matizes diferentes ao serem personalizados, isto

---

3 Alberto Faria, *Marília de Dirceu: Seleção das liras autênticas*. Rio de Janeiro: Anuário do Brasil, 1922, p. 119.

é, ajustados à peculiaridade de um dado autor, exprimindo os momentos, os sentimentos, os intuitos da sua vida. Como elemento expressivo, o lugar-comum clássico (e a alegoria pastoral) fornece o padrão que objetiva e dá categoria estética à experiência individual, sem descaracterizá-la pela banalidade, se o poeta tiver capacidade criadora. O conhecimento das circunstâncias em que foram compostas as três liras ajuda o leitor a perceber a singularidade de cada uma e entendê-las melhor. Enquanto a 11 parece exercício, a 53 exprime a situação de corte amorosa do ouvidor Gonzaga em relação a Joaquina Doroteia de Seixas; e a 77 manifesta o drama do prisioneiro acusado de lesa-majestade. Nela, o lugar-comum de inspiração clássica eleva o contingente elemento biográfico a um alto nível de expressividade, tornando-o inteligível dentro das convenções de um determinado contexto histórico e cultural.

Graças a isso o significado fica mais rico, a alegoria adquire dimensão real, a convenção pastoral se justifica e se anima pela vibração humana de uma dolorosa experiência. O significado resulta de uma versão admiravelmente bem estruturada e organizada do tema da "mediocridade áurea"; mas também de uma tragédia existencial que se disciplina para ganhar o nível estético.

6

Essas considerações levam a pensar no período literário em que a Lira 77 foi composta, já quase no fim do século XVIII e da reforma arcádica, que se opunha à degradação a que o Barroco tinha sido submetido pelo desgaste da moda prolongada. Gonzaga foi um dos recuperadores da simplicidade; ele a obteve em parte da sua obra graças aos traços já indicados, que o levaram nos bons momentos à simplicidade encantadora de uma poesia que parece dissolver-se a cada momento na prosa coloquial, mas conserva a sua força de originalidade. Por esse lado, parece às vezes singularmente moderna.

A "lira" é um tipo de poema onde a convenção pastoral já está despida de suas características mais específicas, que aparecem na écloga, cujo mestre no Brasil foi Cláudio Manuel da Costa. A "lira" de Gonzaga tem uma inovação: ela suprime não só o diálogo entre pastores, mas os lugares-comuns mais frequentes, como a referência a sacrifício de animais, à oferta de produtos da terra e a entidades protetoras. Nela, estamos mais perto do que será o poema lírico dos românticos, embora conserve o que se pode chamar de "delegação poética", isto é, o recurso que consiste em transferir a manifestação do Eu a um personagem alternativo, o pastor, despojado aqui dos outros elementos da écloga. Ele é um rústico sob cuja pele se esconde poeticamente o civilizado, para obter o afastamento necessário à ilusão poética.

No século XVIII houve uma redefinição da poesia pastoral, na medida em que ela foi concebida como forma de recuperar a naturalidade. Grande aspiração daquele momento histórico, esta compreendia o entusiasmo pelo "homem natural", definido sobretudo a partir da obra de Rousseau, catalisador das novas modas ao dar à sensibilidade uma importância igual à da vontade e da razão.

Num poema como este, confluem a tradição clássica pastoral e o gosto pela espontaneidade, próprio do século XVIII. Isso favoreceu a individualização do gênero, dando realce ao elemento biográfico como componente.

Segundo Kenneth Burke, o teor do discurso é determinado pelas equações "cena-ato" e "cena-agente", isto é, o cenário deve ser adequado não apenas ao que se passa nele, mas aos personagens; e vice-versa.[4] Na Lira 77 a paisagem bucólica de

---

4 *A Grammar of Motives*. Nova York: Prentice-Hall, 1945, pp. 3-9, passim.

choças, ovelhas, papoulas, regatos, pescarias, campos lavrados é um elemento que define o Eu lírico como homem do campo; inversamente, os sentimentos, as ações e os propósitos deste são ajustados à paisagem; portanto, confirmam a sua natureza.

Nessa equivalência atua um elemento modificador, o tempo (estruturalmente manifesto na modulação dos verbos), de tal modo que a transformação do pastor por causa da desgraça altera a relação com a cena, quebrando o equilíbrio anterior. O espaço é, pois, modificado essencialmente pelo tempo e se torna algo dinâmico, na medida em que foi *vivido* pelo pastor; na medida em que o determinou e foi por ele determinado. Se o destino do agente mudar de novo, a cena mudará em sintonia, como descreve toda a segunda parte da Lira.

Essa ligação entre cena e agente mostra que a paisagem aqui é qualificada, tem um sentido humano que acompanha as etapas da vida, sendo sucessivamente plenitude (evocada), catástrofe (real) e redenção (sonhada). Neste ponto percebe-se a função da alegoria, que transforma um agente simples num Eu lírico extremamente complexo, pois o pastor Dirceu recobre o poeta Gonzaga, o desembargador destituído, o prisioneiro político. A alegoria conserva por baixo da convenção pastoral uma outra equação cena-agente: cidade civilizada-homem culto; e a convenção pastoral permite sublimar no espaço campestre a realidade pessoal, social e política, dando-lhe universalidade.

A análise da estrutura mostrou que a Lira 77 repousa num jogo de simetrias, modulações verbais e tensões, configurando uma pungente dialética temporal, onde passado, presente e futuro, bem como espaço e tempo, interagem para definir o teor do discurso. E vimos que foi preciso completá-la pela situação do texto no contexto, inclusive os dados biográficos, para se perceber a natureza da alegoria e, com ela, a complexidade do significado.

Cavalgada ambígua

I

Um dos poemas mais fascinantes e bem-composto de Álvares de Azevedo está na terceira parte da *Lira dos vinte anos*:

MEU SONHO

Eu

1 Cavaleiro das armas escuras,
2 Onde vais pelas trevas impuras
3 Com a espada sanguenta na mão?
4 Por que brilham teus olhos ardentes
5 E gemidos nos lábios frementes
6 Vertem fogo do teu coração?

7 Cavaleiro, quem és? o remorso?
8 Do corcel te debruças no dorso...
9 E galopas do vale através...
10 Oh! da estrada acordando as poeiras
11 Não escutas gritar as caveiras
12 E morder-te o fantasma nos pés?

13 Onde vais pelas trevas impuras,
14 Cavaleiro das armas escuras,
15 Macilento qual morto na tumba?...

16 Tu escutas... Na longa montanha
17 Um tropel teu galope acompanha?
18 E um clamor de vingança retumba?

19 Cavaleiro, quem és? — que mistério,
20 Quem te força da morte no império
21 Pela noite assombrada a vagar?

O Fantasma
22 Sou o sonho de tua esperança,
23 Tua febre que nunca descansa,
24 O delírio que te há de matar!...

Este poema é escrito como se fosse um diálogo de figurantes marcados: "Eu" fala na primeira pessoa, dirigindo-se a um cavaleiro, que adiante é denominado "O Fantasma", e responde satisfazendo a sua curiosidade.

"Eu" vê esse cavaleiro revestido de couraça escura galopar num vale também escuro, levantando poeira e despertando o grito dos mortos, enquanto um fantasma lhe morde os pés. Os olhos do cavaleiro brilham e ele solta gemidos, trazendo desembainhada na mão uma espada cheia de sangue. Talvez haja feito algo terrível, pois parece que é seguido por um tropel e um brado de vingança, partidos do alto da montanha que costeia o vale. O observador, situado em posição ideal, quer saber aonde vai, quem é, por que manifesta sofrimento e por que vaga pela noite cheia de assombramentos; e chega a supor que seja encarnação de um remorso. Essa hipótese, feita em forma interrogativa, não satisfaz, pois subsiste no "Eu" o sentimento de estar ante um mistério maior, até que sua pergunta angustiada seja respondida pelo "Fantasma": este diz então que é o sonho da sua esperança, a sua febre sem repouso, o seu delírio sem solução. Essa revelação parece esclarecer o mistério. Sobretudo se nos reportarmos ao título: o sujeito do enunciado estaria descrevendo um sonho, onde se vê a angústia devida à frustração das aspirações, corporificada num cavaleiro que galopa pelo reino da morte.

Esse primeiro sentido é válido. A análise do nível estético fará ver como ele se traduz em linguagem poética, e pode abrir caminho para a captação de outros, pois o ar de mistério leva a crer que o poema é mais complexo do que a leitura inicial sugere. De fato, o problema é saber que sonho, que febre e que delírio mortal são esses. Note-se que "Eu" funciona como observador ideal, cuja percepção *institui* o assunto; e que não *conta* algo *ocorrido*, mas *mostra* o que *está ocorrendo*, numa apresentação de tipo dramático, realçada pela indicação dos figurantes e expressa pelos verbos, que estão todos no indicativo presente. De tal modo que o tempo narrado (ou da narração) é igual ao tempo narrativo (ou do narrador), pois a ação decorre simultaneamente ao ato de mostrá-la.

2

O "sonho" deste poema parece mais um pesadelo, e é bem diverso do devaneio, ou sonho acordado, da Lira 77 de Gonzaga. A tonalidade é diferente: noturna, convulsa, opressiva, com um toque obsedante visível no questionamento ininterrupto e na repetição de palavras, expressões, versos. Há dez pontos de interrogação; o verso 1 e o verso 14 são o mesmo, assim como o 2 e o 13; a palavra "cavaleiro", sempre com função vocativa, aparece quatro vezes, nos versos 1, 7, 14 e 19. Além disso, o cunho ominoso é reforçado pela suspensão constante devida às perguntas, que correspondem a uma perplexidade não satisfeita e, em certos momentos, chega a ser dúvida quanto à própria observação. Realmente, nos versos 16, 17 e 18 "Eu" pode estar registrando a existência de um tropel e um clamor, que ecoam nas quebradas da serra; mas (em virtude dos pontos de interrogação) pode estar indagando do cavaleiro se este confirma a sua impressão.

A tonalidade noturna é dada pelas referências diretas, como "trevas", nos versos 2 e 13, "noite", no verso 21, além da cor "escura" das armas nos versos 1 e 14. Mas também por meios indiretos: a presença de palavras que formam contraste com a escuridão, como o sangue vermelho da espada no verso 3, a brancura óssea das caveiras no verso 11, a tez pálida, "macilenta", no verso 15. E até o "fogo" metafórico dos versos 4 e 6. Esse jogo de contrastes serve de quadro para o elemento propriamente macabro, que parece dar o tom, na medida em que o vale de sombras é qualificado no verso 20 como "império da morte". Isso é reforçado pelas mencionadas "caveiras" do verso 11, o "morto" e a "tumba" do verso 15 — esta, retomada implicitamente no verso 18, que termina pela palavra "re(tumba)". É interessante notar que a comparação "macilento qual morto na tumba" qualifica o *aspecto* do cavaleiro, mas pode aludir também à sua *realidade*: seria ele um cadáver ambulante, alguém que pertence efetivamente ao reino dos mortos?

O vocabulário e a sintaxe de "Meu sonho" são simples e não apresentam problemas, havendo talvez um único trecho mais complicado: o hipérbato, ou inversão sintática, dos versos 20 e 21, que se podem ler assim: "Quem te força a vagar, pela noite assombrada, no império da morte?". A manipulação das palavras é impecável sob todos os aspectos, podendo-se, por exemplo, notar a força expressiva da gradação ascendente nos versos 22-24: o "sonho" (pesadelo) conduz à "febre" e esta ao "delírio", que desfecha na "morte". (Adiante veremos a importância dessa associação.) Observe-se ainda a sonoridade expressiva, isto é, a correspondência do som ao sentido, na representação do galope e dos movimentos por meio de aliterações da oclusiva dental no verso 15:

Macilen(T)o qual mor(T)o na (T)umba?...

Retomadas nos versos 16 e 17, elas tecem, acolitadas pelas suas irmãs labiais e velopalatais, uma obsessiva rede sonora —

(T)u escu(T)as... Na lon(G)a mon(T)anha
Um (T)ro(P)el (T)eu (G)alo(P)e acom(P)anha? —

amarrada pela forte rima do verso 18, com consoante de apoio:

E um clamor de vin(G)ança re(T)umba?

O poema se divide em quatro estrofes, de seis versos cada uma, obedecendo ao esquema *aabccb*. A última estrofe é cortada ao meio pela indicação do personagem, depois do verso 21. Esse corte cinde o poema em duas partes, correspondentes às falas, de modo que o desequilíbrio é grande, pois uma parte tem 21 versos e a outra apenas três. Em compensação, um forte elemento unificador estabelece o equilíbrio noutro nível: é o esquema rítmico — o traço formal mais importante deste poema, que obedece a uma regularidade absoluta. Com efeito, todos os versos são novessílabos (ou eneassílabos), com acentos tônicos na 3ª, 6ª e 9ª sílabas formando pausas que dividem o verso em três segmentos de três sílabas cada um $(3 + 3 + 3)$:

On-de-VAIS | pe-las-TRE | vas-im-PU | ras.

Cada segmento pode ser assimilado a um anapesto, que é a unidade, ou "pé", da antiga metrificação grega e latina formada por três sílabas, das quais duas breves e uma longa, representando-se do seguinte modo:

UU — | UU — | UU —

Passando da métrica quantitativa para a silábica, elas equivalem a duas átonas e uma tônica. Por analogia e extensão, podemos, assim, considerar esse eneassílabo sendo formado por três desses segmentos, chamando-o de trímetro anapéstico.

Os românticos usaram muito esse tipo de verso martelado e sonoro, que exige uniformidade sem discrepância ao longo do poema, correndo o risco de monotonia e, às vezes, ridículo. A sua marcialidade se presta ao movimento dos hinos, como o Acadêmico, de Bittencourt da Silva, com música de Carlos Gomes; o da República, musicado por Leopoldo Miguez sobre texto de Medeiros e Albuquerque; o da Bandeira, com letra de Olavo Bilac e partitura de Francisco Braga:

> Sal-ve-LIN | do-pen-DÃO | da es-pe-RAN | ça,
> Sal-ve-SÍM | bo-lo au-GUS | to-da-PAZ.

Bem usado, serviu para exprimir movimento, ou então o ofego dos estados de angústia — como em sua utilização mais conhecida no Romantismo brasileiro, o "Canto do piaga", de Gonçalves Dias, onde é essencial para criar a atmosfera fantasmagórica de pressentimentos sinistros e opressão moral, sendo possível que tenha inspirado a opção métrica de "Meu sonho":

> Esta noite era a lua já morta,
> Anhangá me vedava sonhar,
> Eis na horrível caverna que habito
> Rouca voz começou-me a chamar.

Essa indicação sobre o uso do anapesto em poemas tão diferentes serve para lembrar que a função expressiva do ritmo e do metro varia segundo o contexto.

3

Com esses dados podemos passar a níveis mais fundos, de cujo conhecimento depende a avaliação final do significado. Sob esse aspecto, "Meu sonho" é um caso mais simples que o da Lira 77, de Gonzaga, porque a análise da estrutura aparente fornece os elementos constitutivos da estrutura profunda. Na verdade, trata-se de apenas um, o ritmo, que além de responsável pela fisionomia geral do poema é também o seu princípio organizador. Graças à força imitativa e sugestiva, ele traduz tanto os sentidos ostensivos quanto o sentido oculto, de um modo que hoje se chamaria icônico.

Isso fica evidente ao lermos o poema *solicitando* o ritmo, isto é, pronunciando bem de leve as sílabas átonas, e com bastante força as tônicas. Desse modo a sonoridade expressiva "rende" o máximo, e nós percebemos que o ritmo figura não só o galope desvairado d'"O Fantasma", no seu tropel martelado, mas o ofego de angústia do "Eu". A pulsação regular manifesta o caráter implacável da visão e da emoção que ela produz. Ambas não cessam, não mudam, recomeçam a cada instante na uniformidade quase feroz do anapesto, que enforma o poema e define uma situação cuja força opressiva parece eterna. A recorrência dos versos e das palavras tem o seu correlato na recorrência infinita do ritmo, que poderíamos imaginar sempre em andamento, para lá do ponto-final. Ele pode, assim, ser considerado a "razão" profunda da estrutura e do significado.

Portanto os valores de construção se confundem com os de significado, havendo fusão completa entre ação e emoção, isto é, entre o ritmo do galope e a angústia. A força unificadora do anapesto, extremamente eficaz, supera o desequilíbrio das partes, fundindo "Eu" e "O Fantasma" num só movimento. Isso faz pensar que, se há unidade no plano da estrutura, deve haver também no do significado, ou seja: se a divisão em duas partes é aparente, por que não seria aparente o diálogo? Por que não seria ele um monólogo dilacerado do "Eu" consigo mesmo, representando desdobramento na personalidade? Mas antes de chegar aí, convém juntar mais elementos, fazendo a contextualização de "Meu sonho"; e a primeira coisa a notar é que a biografia do poeta não ajuda a elucidá-lo. O poema de Gonzaga pode ser visto quase como episódio de sua vida, porque exprime um momento dramático de sofrimento e esperança, que é possível documentar paralelamente. Mas esse sonho fantástico está preso ao inconsciente, não aos fatos da existência, e nesses casos interessam outros elementos, como a personalidade literária, que é elaborada na obra e, sendo mais ou menos inventada, pode não ter nada com a vida. Interessa também a pesquisa de analogias com outros textos, do autor e da literatura do tempo. Finalmente, as características desse tempo.

4

Para sentir a atmosfera do poema, lembremos que um dos traços mais típicos do Romantismo é o seu lado noturno. Na atitude predominante do clássico há certa afinidade com a luz clara do dia, como se ela fosse a da razão que esquadrinha, revela e penetra em todas as dobras. Inversamente, a noite parece mais ajustada a uma corrente que valoriza o mistério, respeita o inexplicável e aprecia os sentimentos indefiníveis. Daí o gosto pela noite como hora, quando a escuridão reina e se associa na imaginação a acontecimentos anormais ou sobrenaturais, pontilhados de fantasmas, crimes e perversões (no "I Juca Pirama" aparecem "as larvas da noite sombria"); mas também o gosto pela noite da alma, modo de ser melancólico ou lutuoso, dominado pelas emergências do inconsciente.

Nas histórias sobre divisão da personalidade, caras aos românticos, o "outro" quase sempre aparece à noite, como os lobisomens, forma extrema da personalidade rachada e oposta a si mesma. Além disso, há uma ternura melancólica presa à lua e ao envolvimento pela treva, devendo-se lembrar no domínio da música a emoção esbatida e dissolvente dos "noturnos".

À noite se liga o sono, como estado que conduz a um mundo próprio, às vezes tocado pelo sobrenatural, por causa do sonho e da sua manifestação extrema, o pesadelo. Tudo isso é matéria querida da imaginação romântica, que no limite concebe o sonho como vida diferente, tão válida quanto a da vigília e representando um desdobramento não apenas da personalidade, mas do mundo. Um outro ser, num outro mundo.

Incrustado na noite, o sonho passa então a modelo de poesia e narrativa: escrever como em sonho; descrever estados e ambientes de sonho; até propor o sonho como realidade, ou a realidade como sonho, mediados pela noite.

> Louvada seja a eterna noite,
> Louvado seja o eterno sonho,

diz Novalis, para quem a noite

> não é apenas o momento benéfico da solidão na natureza, no qual as lembranças refluem ao coração. Ela aparece ao poeta como a grande reveladora, a fonte oculta, tanto dos nossos sentimentos quanto das coisas, o tesouro infinito no qual um mundo inteiro de imagens desperta sob o passo do explorador.[1]

---

1 Apud Albert Béguin, *L'Âme romantique et le rêve*. 2. ed. Paris: José Corti, 1946, p. 212.

Comentando as ideias do filósofo romântico Kieser, diz Béguin que

> o sonho não é apenas a "mera negação da vida desperta"; ele é tão "autônomo" quanto ela, e tem com ela a mesma relação que o polo negativo do ímã com o polo positivo.[2]

Para Gérard de Nerval, a sua realidade é tão grande quanto a da vigília, e a respeito ele escreveu coisas de uma beleza incrível, como o início de *Aurélia*:

> O Sonho é uma segunda vida. Nunca pude transpassar sem um frêmito essas portas de chifre ou marfim que nos separam do mundo invisível. Os primeiros instantes do sono são a imagem da morte; um entorpecimento nebuloso domina o nosso pensamento, e não podemos determinar o instante preciso em que o eu, sob outra forma, continua a obra da existência. É um subterrâneo vago que se ilumina pouco a pouco e onde se desprendem da sombra da noite as pálidas figuras gravemente imóveis que habitam a paragem dos limbos. Depois o quadro se forma, uma nova claridade ilumina e movimenta essas aparições bizarras; — e o mundo dos espíritos abre-se para nós.

Os românticos foram, portanto, particularmente sensíveis à força transfiguradora da noite, inclusive e sobretudo como hora do sonho, que eles fazem refluir sobre a realidade, provocando uma transmutação na maneira de ver e conceber tanto o mundo exterior quanto o interior.

Ora, de todo o Romantismo brasileiro, Álvares de Azevedo foi por excelência o poeta da noite, do sono e do sonho. Na sua obra as amadas são vistas dormindo, o autor do enunciado também dorme com frequência, ou sonha, ou se debate com

---

2 Ibid., p. 79.

a insônia. O fragmento "Lábios e sangue", do romance *O livro de Fra Gondicário*, decorre à noite, como a sua obra-prima, *Macário*, que aliás talvez seja um sonho, porque as aventuras começam depois de o protagonista dormir. *A noite na taverna* se passa à noite, com personagens transitando a cada instante entre sono e vigília; a sua poesia lírica é ambientada em parte (para lembrar um dos seus versos mais famosos) "à luz da lâmpada sombria"; nem falta, n'*O conde Lopo*, um pesadelo onde o protagonista galopa desabalado pela escuridão. Portanto "Meu sonho" é bastante característico da sua visão poética, na qual o "poeta dormindo" (diria João Cabral de Melo Neto) é uma constante. Conclusão: para ele sono e sonho são estados favoráveis à expressão, inclusive porque dão acesso a certo tipo de espaço, o mais adequado à visão convulsa do Romantismo fantástico e macabro. Este poema pertence ao universo onírico, com seus nexos obscuros, suas incongruências e mensagens cifradas. Como no texto de Nerval, nele "o sonho é uma segunda vida".

5

Essa tonalidade se ajusta ao gênero do poema, que parece uma balada, forma romântica por excelência, aqui reelaborada de maneira pessoal e criativa. Veremos que o significado de "Meu sonho" fica mais claro se pudermos considerá-lo desse modo.

A balada a que me refiro é o poema narrativo de origem popular, parecido com o que na Península Ibérica se chamou "romance", contando fatos e aventuras de guerra, caça, amor e morte, com uso do diálogo, recorrência de versos e palavras, apresentação de tipo dramático.[3] Os pré-românticos, em

---

3 Sobre a balada popular, muitas de cujas características se conservaram na erudita, ver: Albert B. Friedman, "Ballad", em Alex Preminger (ed.), *Encyclopaedia of Poetry and Poetics*. Princeton: Princeton University Press, 1965, p. 62.

busca de tradições, começaram a coligir poemas desse tipo, que estimularam o interesse pelo folclore e a Idade Média (na qual se originaram), tendo grande importância como fonte a coletânea de Percy, na Inglaterra: *Relics of Ancient English Poetry*, 1765. Mas a balada por excelência, que ficou como paradigma, foi a elaborada em nível erudito a partir das sugestões dessa obra pelos ingleses e os alemães; estes, a começar pela "Lenora", de Bürger (1773), que se difundiu entre os nossos românticos na tradução de Alexandre Herculano. Nela, um soldado morto na guerra vem buscar a namorada inconsolável no meio da noite, e ambos partem num galope frenético, até o cemitério distante onde jazia; lá chegados, ele reassume a condição de esqueleto e leva-a para o leito nupcial, que é o sepulcro.

Essa balada fúnebre teve grande influência na história da literatura, abrindo um filão que se espraiou pelas literaturas ocidentais. E as baladas, em geral, prosseguiram na Alemanha com Goethe e Schiller no que se poderia chamar Pré-Romantismo; com Uhland e outros no Romantismo. De Goethe são as conhecidas "O rei de Thule" e "O rei dos elfos". A segunda (que foi musicada por Schubert) contém igualmente elementos macabros e sobrenaturais: de noite, o pai, num cavalo a galope, leva o filho no colo; o rei dos elfos chama o menino e só este o vê; por isso pede ao pai que o salve, mas o pai acha que está delirando, e a cavalgada segue rápida, com o diálogo crispado e as falas do ente mágico, através do vento e da noite; chegando em casa o filho está morto.

No Brasil, tanto quanto sei, o primeiro a escrever poemas narrativos de corte lendário e chamá-los "balatas" foi Joaquim Norberto no decênio de 1840. Quase ao mesmo tempo, Araújo Porto-Alegre procurou adaptar o gênero ao ambiente e temas brasileiros, inspirado com certeza pelas *Odes e baladas* (1822) de Victor Hugo.

O ritmo usado nas baladas varia muito, mas em geral busca certa facilidade de cadência popular, podendo ocorrer o intuito imitativo, como nas abundantes onomatopeias de "Lenora" e no próprio "O rei dos elfos", que por momentos tem uma batida de galope:

Wer reitet so spät durch Nacht und Wind?
Es ist der Vater mit seinen Kind.

Essas indicações mostram como "Meu sonho" possui elementos característicos da balada de origem alemã; quanto ao ritmo, lembro por curiosidade que um famoso poema narrativo de Uhland, "Canção do moço montanhês", foi traduzido por Lúcio de Mendonça em eneassílabos anapésticos, mas sem intuito imitativo:

Sou o moço pastor da montanha.

No entanto, mais interessantes do que as analogias são as diferenças, ou antes, *a* diferença, que revela a originalidade de Álvares de Azevedo: enquanto por definição a balada é objetiva, narrando sequências de atos e fatos em relação aos quais o emissor do discurso está de fora, "Meu sonho" é uma narrativa toda interior, uma espécie de drama vivido pelo próprio emissor, onde o elemento dialógico corresponde ao desdobramento da alma.

Nas baladas, o diálogo nunca suprime o discurso indireto, isto é, elas não são inteiramente dialogadas (muito menos com interlocutores marcados à maneira teatral). Nelas, o elemento dialógico está submetido ao elemento narrativo, enquanto aqui ocorre o contrário: o elemento narrativo é submetido ao elemento dialógico, que exprime o essencial, isto é, o dilaceramento do ser. Ao transpor o narrativo para o dialógico, e o fantasmagórico para o onírico, Álvares de Azevedo pôde interiorizar o gênero, e graças a isso deu extraordinário efeito dramático à descrição do tormento íntimo, fazendo uma verdadeira invenção relativamente aos modelos europeus. Essa transmutação poderia ser vista como um tipo extremo, não previsto, de hipertrofia do elemento lírico, que, segundo um estudioso austríaco, se associa na balada ao dramático, possibilitando modulações de largo âmbito e favorecendo não apenas a intensidade do efeito, mas a manifestação do narrador como presença, ao contrário da narrativa épica.[4]

Esta análise comparativa, aparentemente circunstancial, ajuda a esclarecer o poema no que tem de mais seu, porque faz sentir a complexidade da organização: defini-lo como "balada interior" (contradição em termos) é entrever a sua verdadeira natureza e originalidade.

Como contraprova, lembremos o curioso pastiche de "Meu sonho" feito por Castro Alves, "Remorso" (com a menção: "Ao assassino de Lincoln"), onde tudo o que é original e misterioso em Álvares de Azevedo desaparece, sobrando em nível meramente descritivo os aspectos óbvios, que reduzem o poema às baladas corriqueiras. Castro Alves tomou como chave o verso 7 ("Cavaleiro, quem és? o remorso?") para imaginar a cavalgada alucinante do ator J. W. Booth depois de ter matado o libertador dos escravos norte-americanos, equiparando-o a Caim fugindo da própria consciência:

> Cavaleiro sinistro, embuçado,
> Neste negro cavalo montado,
> Onde vais galopando veloz?
> Tu não vês como o vento farfalha,
> E das nuvens sacode a mortalha
> Ululando com lúgubre voz?

4 Herbert Seidler, *Die Dichtung: Wesen, Form, Dasein*. 2. ed. melhorada. Stuttgart: Kröner, 1965, pp. 509-510.

Mais esclarecedora para o nosso trabalho é a aproximação com o soneto "Mors-Amor", de Antero de Quental, onde há certa persistência de associações românticas que ajudam a encaminhar a parte final da análise de "Meu sonho":

Esse negro corcel, cujas passadas
Escuto em sonhos quando a noite desce,
E, passando a galope, me aparece
Da noite nas fantásticas estradas,

Donde vem ele, que regiões sagradas
E terríveis cruzou, que assim parece
Tenebroso e sublime, e lhe estremece
Não sei que horror nas crinas agitadas?

Um cavaleiro de expressão potente,
Formidável, mas plácido, no porte,
Vestido de armadura reluzente,

Cavalga a fera estranha sem temor:
E o corcel negro diz: "Eu sou a Morte!"
Responde o cavaleiro: "Eu sou o Amor!"[5]

Ainda aqui, quase uma geração depois, encontramos o galope fantasmal do cavaleiro couraçado, num cavalo negro. Mas, enquanto em Álvares de Azevedo o sentido é complexo e vai fugindo para camadas mais fundas à medida que o cercamos, no poema sem mistério de Antero de Quental ele é alegoricamente

---

5 Quem menciona os poemas de Castro Alves e Antero de Quental a propósito de "Meu sonho" é Homero Pires. *Obras completas de Álvares de Azevedo*. 8. ed., organizada e anotada por Homero Pires. São Paulo: Companhia Editora Nacional, 1942, v. I, pp. 230-231.

claro, e decorre também de uma declaração final: o cavalo diz que é a morte, o cavaleiro diz que é o amor.

Amor e morte são um par que o Romantismo cultivou nas variações mais diversas, inclusive a famosa "morte de amor", *Liebestod*, formulada por Novalis e elaborada de maneira suprema por Wagner em *Tristão e Isolda*. Neste soneto interessa a sua associação com um cavaleiro e um cavalo oníricos, galopando por estradas fantásticas e tenebrosas. Pergunta-se: no poema de Álvares de Azevedo poderia a mesma constelação temática estar vinculada ao par Amor e Morte? (Sem esquecer que Hipnos, deus do sono na mitologia grega, é irmão desta.)

6

Já vimos que em "Meu sonho" a significação, como no soneto posterior de Antero, é claramente expressa: "O Fantasma" diz que o "cavaleiro das armas escuras" é uma alegoria da esperança frustrada, da inquietação incessante que acabará destruindo o "Eu".

Ora, essa resposta parece uma solução tão clara, tão explícita, em contraste com o mistério envolvente que foi-se desdobrando ao longo das estrofes, que o leitor desconfia. Pensa que as coisas talvez não sejam assim tão simples, e que em vez de alegoria estamos diante de um símbolo, cuja chave deve existir, porque se trata de um sonho. A força oculta do poema parece resistir à indicação dos significados mais visíveis ou declarados, e poderia estar nesse símbolo, que exprime o significado profundo, sem anular os outros. Assim como a interiorização da balada transformou em dilaceramento interior a usual narração de fatos, a declaração d'"O Fantasma" pode encobrir a verdadeira razão do dilaceramento (expresso como "sonho", "febre", "delírio", nos versos 22-24).

Portanto o enunciado d'"O Fantasma" seria uma consequência, não uma causa, que estaria ligada, segundo o arquétipo romântico exposto de maneira tão clara por Antero de Quental, ao amor, sob a forma de angústia sexual. Lembremos que esta percorre a obra de Álvares de Azevedo e se associa ao temor adolescente de que o ato do sexo, tão desesperadamente desejado, seja profanação de algum valor intangível.

Relendo o poema com essa hipótese em mente, sentimos que ela pode ser o significado final, oculto sob os sentidos parciais, se lembrarmos que o cavalo é símbolo de força viril na literatura popular e erudita. O "Eu", que o vê desenfreado, sente remorso (atribuído ao cavaleiro, no verso 7, graças ao desdobramento) porque está desejando praticar, ou efetivamente praticando, um ato que considera reprovável e merecedor de castigo. Que este ato seja de sexo, parece claro devido à conjugação de dois elementos de valor simbólico em contexto de sonho, isto é, em contexto de mensagem cifrada cujo código se pode encontrar. Refiro-me a "espada sanguenta" (verso 3), órgão da virilidade, e ao seu correlativo "vale" (verso 9), a que equivaleria de modo metonímico "trevas impuras" (versos 2 e 13), ambos simbolizando os órgãos sexuais femininos. De fato, correlacionando esses elementos, é sugestivo que uma espada ensanguentada, violadora, animada pela força vital do cavalo, penetre (como numa bainha, em latim *vagina*) no vale escuro de trevas impuras (visão depreciativa e pecaminosa da genitália da mulher, a "criança enferma e doze vezes impura" de um poema de Alfred de Vigny). Como diz um psicanalista:

A espada é sem dúvida o símbolo mais antigo do atributo viril; todas as armas o são, mas em particular a espada, como mostra claramente a sua oposição à bainha, símbolo feminino.[6]

6 Georg Groddeck, "L'Anneau", em *La Maladie, l'art et le symbole*. Paris: Gallimard, 1969, p. 233. Original alemão.

À vista de certos traços de autoerotismo na obra de Álvares de Azevedo, o fato de a espada ser representada na mão do cavaleiro leva a pensar numa fantasia onírica de cunho masturbatório, onde toda a constelação analisada seria projeção do desejo solitário.

Esta leitura simbólica é confirmada por outros traços que completam o quadro, porque se ligam ao orgasmo, como "olhos ardentes" (verso 4), "gemidos nos lábios frementes" (verso 5), e quem sabe o fogo metafórico, talvez seminal, que arde no coração e dele transborda (verso 6). O ritmo devido ao anapesto seria, portanto num plano terceiro e mais fundo, o próprio ritmo do orgasmo — tendo sido galope no primeiro plano, e ofego de angústia no segundo.

Sendo assim, os elementos macabros estariam compondo com estes, de maneira peculiar, o par romântico Amor e Morte. E a resposta d'"O Fantasma" se referiria a uma frustração devida ao sentimento de culpa em face do desejo sexual visto como pecado, mas não obstante indômito, que caracterizava o quadro da adolescência no tempo do poeta. Ele sonha poder realizar o seu desejo, ou "esperança" (verso 22), porque arde numa tensão irreprimível (a "febre" do verso 23), tudo tão violento e perigoso que, realizado (o "delírio" do verso 24), pode causar a sua destruição. Esse sentimento irremediável de culpa indissociada do desejo de prazer, expresso pelo "Fantasma" como próprio do "Eu", se projeta na reprovação que ele julga suscitar nas "caveiras" ululantes do verso 11 e no "clamor de vingança" do verso 18. O arsenal dos poemas macabros forneceu ao poeta elementos externos para simbolizar o drama, neste poema que é uma balada sui generis, sobre uma modalidade sui generis do par romântico Amor e Morte.

7

A leitura que propus consiste essencialmente em reconhecer significados sucessivos e cada vez mais escondidos, privilegiando um elemento de fatura, o ritmo, que, ao dar forma tanto à estrutura aparente quanto à estrutura profunda, pode ser considerado princípio organizador, graças ao qual Álvares de Azevedo foi capaz de criar um símbolo poderoso para exprimir a angústia do adolescente em face do sexo, que vai até o sentimento da morte. Ele o apresenta como gravura fantástica, bela por si mesma, na qual o pesado negrume se associa (como nas de Oswaldo Goeldi) ao contraste vivo das manchas de cor, suscitando o espaço de uma balada de tipo original. Sob essa camada estética, estratificam-se os significados, até o que se refugia nas camadas mais fundas, onde a análise literária procura captá-lo. E nós sentimos que a beleza de um poema se localiza na camada aparente, a dos elementos estéticos, onde se enunciam os significados ostensivos, e que basta para uma leitura satisfatória, embora incompleta. Mas a força real está na camada oculta, que revela o significado final e constitui a razão dos outros.

No coração do silêncio

I

FANTÁSTICA

1 Erguido em negro mármor luzidio,
2 Portas fechadas, num mistério enorme,
3 Numa terra de reis, mudo e sombrio,
4 Sono de lendas um palácio dorme.

5 Torvo, imoto em seu leito, um rio o cinge,
6 E, à luz dos plenilúnios argentados,
7 Vê-se em bronze uma antiga e bronca esfinge
8 E lamentam-se arbustos encantados.

9 Dentro, assombro e mudez! quedas figuras
10 De reis e de rainhas; penduradas
11 Pelo muro panóplias, armaduras,
12 Dardos, elmos, punhais, piques, espadas.

13 E inda ornada de gemas e vestida
14 De tiros de matiz de ardentes cores,
15 Uma bela princesa está sem vida
16 Sobre um toro fantástico de flores.

17 Traz o colo estrelado de diamantes,
18 Colo mais claro do que a espuma jônia,
19 E rolam-lhe os cabelos abundantes
20 Sobre peles nevadas da Issedônia.

21 Entre o frio esplendor dos artefactos,
22 Em seu régio vestíbulo de assombros,
23 Há uma guarda de anões estupefactos,
24 Com trombetas de ébano nos ombros.

25 E o silêncio por tudo! nem de um passo
26 Dão sinal os extensos corredores;
27 Só a lua, alta noite, um raio baço
28 Põe da morta no tálamo de flores.

Pode-se dizer que este poema de Alberto de Oliveira — que pertence ao livro *Meridionais* (1884), o primeiro da sua fase parnasiana — é uma descrição pura, desprovida de qualquer intervenção pessoal, sem nenhuma voz na primeira pessoa, tão atuante na Lira 77 e em "Meu sonho". Situado de fora, o leitor vê um quadro feito para existir por si mesmo, autônomo e sem vínculos. Aqui, estamos no reinado dos objetos, não dos sujeitos.

A descrição focaliza um misterioso palácio fechado, de mármore preto, que parece dormir em atmosfera lendária. À volta dele, um estranho rio de águas paradas, e arbustos encantados que gemem; na sua entrada, uma esfinge de bronze — tudo clareado pela lua. No interior do palácio — silencioso, cheio de assombros — há vultos de soberanos e uma quantidade de armas variadas, cercando a cama suntuosa, coberta de flores e peles raras, sobre as quais está uma princesa morta, vestida de púrpura bordada e cores vivas. A princesa é alva, tem cabelos compridos, está enfeitada com joias e traz um colar de diamantes. Para lá do aposento há longos corredores, e no vestíbulo cheio de assombros, decorado com objetos esplêndidos, vela uma guarda de anões que têm no ombro trombetas de ébano em vez de armas. O silêncio é completo, não há sinal de qualquer movimento, a única coisa que não faz parte do cenário é a lua, cujos raios prateavam no começo o exterior do castelo, e agora entram por ele a fim de iluminar frouxamente a princesa morta.

Esta descrição dá o sentido geral, que é de fácil apreensão; mas há termos pouco familiares e outros de sentido oculto, que é preciso esclarecer, porque, repito, este é um poema dos objetos e a sua análise consiste em boa parte no trabalho exaustivo sobre o vocabulário: "panóplia" (verso II) é um arranjo de armas cruzadas sob um escudo pregado na parede; no verso 12, "dardo" é uma vara curta com ponta de aço, que se atira sobre o adversário, enquanto "pique", sinônimo de "lança", é uma vara longa, também ferrada, que se mantém na mão para lutar; e "elmo", o capacete fechado por viseira; "tiro" (verso 14) é um tecido de cor de púrpura, chamado assim por metonímia, devido ao fato de ter-se originado na antiga cidade de Tiro (no atual Líbano), difundindo-se graças ao comércio dos fenícios. A palavra "matiz", no mesmo verso, pode significar duas coisas: as tonalidades do tecido ou (mais provavelmente) cores vivas de bordados feitos sobre ele. "Toro" (verso 16) é o leito de noivado, ou conjugal, que volta no verso 28 como "tálamo".

A expressão "espuma jônia" (verso 18) deixa ver o gosto pela Antiguidade e o desejo de distanciamento, referindo-se ao mar Jônio, que já aparecia, de maneira premonitória do gosto parnasiano, no poema inicial do primeiro livro de Alberto de Oliveira, *Canções românticas*:

> Vênus, a ideal pagã que a velha Grécia um dia
> Viu esplêndida erguer-se à branca flor da espuma,
> — Cisne do mar Iônio,
> Desvendado da bruma.
> ("Aparição nas águas")

Com o mesmo sentido de afastamento no tempo e no espaço ocorre a palavra "Issedônia" no verso 20: é o nome de uma vaga região da Antiguidade, para lá da terra dos citas, incluída no território onde está hoje a Sibéria. Heródoto se refere a ela como uma espécie de limite extremo do mundo conhecido naquela direção. "Pele nevada" tem, portanto, sentido flutuante: (1) branca como a neve e (2) oriunda de um país cujas neves, por vezes perpétuas, estão como materializadas na alvura da pelagem. Um epíteto de cunho metafórico misturado a uma metonímia.

Muito importante, no verso 23, é o sentido de "estupefactos", que no caso não quer dizer "atônitos", mas em estado de sono, como quem tomou entorpecente: os anões estão entorpecidos à maneira de estátuas, certamente por efeito de algum filtro mágico. Isso nos faz voltar aos versos 9 e 10, para perceber que as "quedas figuras/ De reis e de rainhas" devem ser, não estátuas, mas seres nas mesmas condições de sono mágico. A princesa morta e o seu séquito configuram uma situação equivalente à de contos como o da Bela Adormecida.

Um reparo: não se deve atualizar a ortografia nem a pronúncia nas palavras finais dos versos 21 e 23, porque a pausa forçada pelo grupo consonantal *ct* aumenta o efeito de suspensão, pasmo e mistério:

Entre o frio esplendor dos artefa-C-tos,

....

Há uma guarda de anões estupefa-C-tos.

2

Dois elementos decisivos para aprofundar a busca do significado não mostram à primeira vista o que na verdade são: o rio parado, no verso 5, e as trombetas de ébano, no verso 24.

Rio parado é uma contradição em termos, pois a natureza dos rios é fluir. No entanto existe um nessas condições: o Aqueronte, que na mitologia grega é ao mesmo tempo barreira defensiva e caminho de ingresso ao reino dos mortos. Isso faz crer que o rio "imoto", cercando o palácio como fosso protetor, indique a entrada de um lugar desse tipo. Quanto às trombetas, é estranho que sejam de madeira, não de metal; e que estejam no lugar das armas adequadas a uma guarda. Seja como for, elas têm função mágica, pois antigamente atribuíam-se virtudes ao ébano, de que eram feitos os cetros de reis do Oriente e as varas com que os magos egípcios operavam os seus prodígios. Como em nosso texto ele está ligado à função de guardar e defender, interessa lembrar que uma dessas virtudes era o poder de livrar do medo. Interessa, principalmente, registrar que na redação original (*Meridionais*, 1884), o verso 22 era diferente, manifestando com clareza o sentido que estamos definindo, pois em lugar de "régio", havia o qualificativo "mago":

Em seu mago vestíbulo de assombros.[1]

Observemos ainda, na Iª estrofe (versos 1-4), que o mármore negro é matéria usual, não de palácio, mas de túmulo — associação reforçada pelos epítetos "fechado" (as portas), "mudo", "sombrio". (Por necessidade métrica, "mármore" é usado de forma apocopada, isto é, sem a última letra: "mármor".)

Tratar-se-ia, portanto, de um mausoléu situado em terra lendária e fantástica, sendo que "terra de reis" pode equivaler ao "Vale dos Reis" onde os do Egito eram inumados. A hipótese ganha força graças não apenas ao rio parado, já esclarecido, mas

1 Há um registro completo das variantes em Alberto de Oliveira, *Poesias completas*. Edição crítica de Marco Aurélio Mello Reis. Rio de Janeiro: Núcleo Editorial da UERJ, 1978. 4 v. (Só conheço os dois primeiros.)

à esfinge, símbolo tradicional de enigma e mistério, por vezes sentinela dos jazigos faraônicos, incorporada nos tempos modernos à escultura dos sepulcros, como se pode ver nos nossos cemitérios. A única vibração desse cenário morto acentua a tonalidade fúnebre: é o lamento dos arbustos (verso 8), talvez seres metamorfoseados para a função de guardiães sepulcrais.

Quando penetramos nesse palácio tumular (estrofe 3ª), vemos que, como nos monumentos funerários dos egípcios, está decorado com o maior fausto, para uma existência no seio da morte, onde a vida foi substituída pelo esplendor incorruptível das substâncias preciosas e pelo sistema de defesa formado de armas, silêncio, solidão. Além disso, há a presença de uma população destinada a acompanhar a princesa na sua vida além-túmulo, como as "quedas figuras" dos versos 9-10 e os "anões estupefactos" do verso 23. O fato de a princesa jazer num "tálamo" parece indicar uma de duas coisas: ou ela morreu quando ia casar, ou, mais provavelmente, alude às suas núpcias simbólicas com a morte.

Morte, mistério e magia constituem, portanto, a tonalidade fundamental do poema, ligados a riqueza, fechamento, defesa, isolamento — que justificam a quantidade de instrumentos guerreiros e de matérias duras e frias: mármore, bronze, aço, diamante, ébano. O calor, o movimento e a vida estão suprimidos, pois, sendo parado, o rio é na verdade uma "água morta", enquanto as flores parecem irmãs das joias e as peles equivalem à neve. Entre os qualificativos, predominam os que indicam silêncio, imobilidade e assombramento: "frio", "sombrio", "torvo", "imoto", "quedo", "fantástico", "estupefacto".

Mas se, além do sentido claro e oculto de cada palavra, pensarmos no conjunto, veremos que esses elementos constroem um espaço em torno da princesa, situada no meio do poema, e isso define três partes distintas: (1) a aproximação em seu rumo (versos 1-12); (2) a sua localização (versos 13-20); (3) o afastamento em relação a ela (versos 21-28). Como se trata de obter um efeito de fechamento, o elemento mais importante de significado fica no centro, segregado do exterior por duas camadas, constituídas, a primeira, por três estrofes e, a segunda, por duas.

Essa ilusão de espaço fechado é também devida à disposição das cores e tonalidades, ostensivas e implícitas. Nas estrofes de aproximação (versos 1-12), ocorrem tonalidades neutras e escuras, segundo os objetos descritos: prateado, cor de ferro, bronzeado; nas estrofes de afastamento (versos 21-28), temos o preto (do ébano) e o prateado (da lua). A isso devemos acrescentar os qualitativos "sombrio" (verso 3), "torvo" (verso 5), "baço" (verso 27). As cores e as tonalidades apagadas cercam e delimitam a explosão de cores vivas da estrofe central (versos 13-16), manifestadas na púrpura e seus bordados, nas joias ("gemas") e nas flores. Delimitam ainda a brancura que domina a estrofe seguinte (versos 17-20), nos diamantes, na pele nevada e até na espuma metafórica.

Esse jogo estrutural de cores e tonalidades pode ser representado graficamente:

Aproximação

— prateado, bronzeado, cor de ferro
— sombrio, torvo

Localização

— púrpura, cores variadas, branco

Afastamento

— prateado, preto
— baço

A dureza agressiva das armas também defende a princesa, assim como o aspecto inóspito das substâncias frias e duras: bronze, ferro, joias, neve, ébano. Sem falar na função de guarda exercida pela esfinge no verso 7, pelos reis e rainhas nos versos 9-10, os anões dos versos 23-24.

A fixidez desse mundo inanimado encontra certo reforço na fixidez de ritmo dos versos. São 28 decassílabos distribuídos em sete estrofes rimadas segundo o esquema *abad* (rimas cruzadas). Deles, apenas três obedecem à acentuação melodiosa dos "sáficos", com acentos tônicos na 4ª, 8ª e 10ª sílabas (versos 2, 4 e 18). Os outros 25 são de tipo menos cantante, todos com cesura na 6ª sílaba, sendo apenas cinco "heroicos", isto é, acentuados na 2ª, 6ª e 10ª (versos 1, 6, 10, 14, 19); os demais, em número de vinte, formando quase três quartos do poema, seguem um esquema mais duro, onde predominam os acentos na 3ª, 6ª e 10ª. Considerando que os sáficos estão apenas na 1ª e na 5ª estrofe, vemos que todas as outras têm ritmo quase igual, sendo que as duas finais são formadas inteiramente segundo o esquema dominante 3-6-10.

Além disso, há tendência para endurecer o verso por meio do que se poderia chamar de reforço da tonicidade. Com efeito, acentuando outras sílabas, o poeta endurece o ritmo do esquema básico 3-6-10 nos versos 5 e 9, e o altera no verso 12, de modo a produzir uma batida hirta, que pica e enrijece o verso; e este efeito é reforçado nalguns casos pela abundância de pontuação:

5   TOR-vo, i-MO-to em-seu-LEI-to, um-RIO o-CIN-ge,
       (1-3-6-8-10)

9   DEN-tro, a-SSOM-bro e-mu-DEZ!-que-das- fi-GU-ras
       (1-3-6-10)

12   DAR-dos,-EL-mos,-pu-NHAIS,-PI-ques,-es-PA-das.
       (1-3-6-7-10)

A regularidade do esquema rítmico enrijecido combina-se com o vocabulário e os elementos descritivos, para definir uma atmosfera solene e estática, assim como a regularidade do eneassílabo anapéstico no contexto de "Meu sonho" contribuía, ao contrário, para desencadear o movimento incessante, pois o metro e o ritmo têm valor expressivo em correlação estreita com os outros elementos.

Esses traços de construção definem um universo poético fantástico e imóvel, que parece de sonho, onde o tempo não existe. A partir deles é possível aprofundar a análise, começando pelo resumo dos resultados obtidos até agora, que permitiram discriminar vários níveis de sentido:

1º nível: descrição de uma princesa morta, num palácio fantástico, isolado e adormecido;

2º nível: construção de uma estrutura de fechamento, com a princesa no meio do palácio, ocupando um espaço marcado pelas cores vivas e a brancura, defendido por um forte aparato material e simbólico (armas, personagens régias, guardas, cores e tons escuros ou neutros);

3º nível: equiparação do palácio a um túmulo real (mármore, rio parado, esfinge, séquito imobilizado, riqueza acumulada);

4º nível: criação artificial (arte feita) de uma realidade antinatural, que exclui a vida, com exceção das flores, que ainda assim parecem desvitalizadas.

Os níveis de sentido são articulados por um movimento vagaroso, uma espécie de travelling de câmara cinematográfica, que vai revelando o cenário e faz, por assim dizer, o jogo da morte, ao promover uma mineralização progressiva do espaço, tendo como consequência a frieza e o fechamento. Esse *movimento* que determina a divisão do poema em três partes parece meio paradoxal, já que o seu efeito é produzir *imobilidade*. Mas isso ocorre porque não é um movimento do poema, e sim da nossa observação, que se confunde com a voz neutra do narrador. Talvez seja mais certo falar em saturação, pois trata-se de acúmulo dos versos, que vão criando progressivamente o efeito.

A saturação se dá do seguinte modo: a 1ª estrofe apresenta o mármore negro, a mudez, a tristeza e o sono; a 2ª acrescenta imobilidade, noite, lua, bronze e lamento metafórico; a 3ª, personagens adormecidos, armaduras, escudos, armas de metal. Tudo isso forma um sistema que vai negando lentamente a vida e o movimento, enquanto cria o espaço mineralizado e frio. O desfecho natural é a morte, que aparece na 4ª e na 5ª estrofe, numa profusão contraditória de cores e opulência, como se fosse uma forma de vida. Sentimos então que a morte reflui semanticamente sobre as estrofes anteriores e consagra o seu sentido antivital; e também se projeta sobre as estrofes seguintes, onde os artefatos são frios, os anões estão como mortos com as suas trombetas negras, e só há silêncio. O raio de luz do penúltimo verso, também frio e baço, é uma retomada da alusão ao plenilúnio do verso 6, como para formar um anel em cujo centro está a princesa. Nesse mundo hermético, a morte e o silêncio constituem a "lei" que organiza a expressão. Com que intuito?

3

Passando à comparação dos textos, é preciso procurar em que medida o restante da obra de Alberto de Oliveira ajuda a entender este poema. Sob muitos aspectos, ela é uma espécie de defesa contra a vida — uma poesia protetora a que ele parece recorrer para construir mundos menos decepcionantes. É o caso dos seus poemas de cunho exótico, influenciados pelo orientalismo estético do tempo; ou da verdadeira fuga para trás, para o universo clássico e arcádico, por meio de uma linguagem rebuscada, cheia de palavras raras, conceitos sutis, perífrases e hipérbatos: "Vaso chinês", "Vaso grego", "O leito da romana", "Taça de coral", "Palemo" — sonetos eruditos, de leitura por vezes difícil, pouco acessível aos menos cultos:

> Esta de áureos relevos, trabalhada
> De divas mãos, brilhante copa, um dia,
> Já de aos deuses servir como cansada,
> Vinda do Olimpo a um novo deus servia.
>
>   ("Vaso grego")

> Mas aplacar-lhe vem piedosa Naia
> A sede d'água: entre vinhedo e sebe
> Corre uma linfa, e ele no seu de faia
> De ao pé do Alfeu tarro escultado bebe.
>
>   ("Taça de coral")

> Pelo cedrino tálamo odorante
> O ostro fenício, a púrpura mais bela,
> Raros bissos de trama deslumbrante,
> Tudo palpita com a presença dela.
>
>   ("O leito da romana")

Contrastando com isso, temos o poeta da natureza aberta, o mais frequente e mais conhecido. Poeta que deseja "Ser palmeira! Existir num píncaro azulado"; que descreve a região do rio Paraíba em "Alma em flor" e desce à pedestre banalidade sentimental d'"O ninho" ou d'"As três formigas". Mas ainda neste segundo caso o que encontramos é desejo de fuga, dirigido agora para o quadro natural: rios, morros, árvores, campos, formando quase sempre uma paisagem do passado, equivalendo a afastar-se do presente, na tentativa patética e ineficaz de esquecer o incômodo mundo urbano, onde é preciso lutar.

Essas tensões entre presente e pretérito, artifício e naturalidade, rural e urbano têm no fundo a mesma origem e causam na sua obra um dilaceramento estético entre rebuscamento e simplicidade, que degenera com frequência, de um lado, em pedantismo; de outro, na puerilidade de certos poemas, como, entre muitos, "A camisa de Olga". Apesar de bastante extensa, o que sobra dela é pouco; é quase nada.

Além da fuga e do gosto de antiquário, convém registrar dois outros traços: a mulher morta e os obstáculos que fecham, ambos presentes em "Fantástica". Quanto ao primeiro traço, lembremos apenas o curioso poema "Lucilia Caesar", da 2ª série de *Poesias* (1906), sobre a mosca que recusa depositar os germens da putrefação no cadáver da moça que a fascinara em vida pela beleza. Quanto ao segundo, é notória em seus versos a presença de cercas, porteiras, portas, inclusive no hilariante "A vingança da porta", de uma tolice realmente exemplar.

Essas indicações mostram como "Fantástica" está ligado às tendências de Alberto de Oliveira. No espaço fechado do palácio tumular, com a moça morta no centro, evoca-se a Antiguidade, em alusões eruditas à quase lendária Issedônia, ao mar Jônio, aos tecidos fenícios. Espaço de fúnebre hieratismo egípcio, atulhado de preciosidades, que vale quase como momento paradigmático do seu gosto, não só pelo fechamento e a barreira, mas pela opulência e a fuga ao cotidiano.

E há algo mais sugestivo: este poema, publicado em 1884 no livro *Meridionais*, como ficou dito, retoma e transfigura outro da sua fase inicial, publicado nas *Canções românticas*, de 1878, e modificado nas edições sucessivas:

O ÍDOLO

Sobre um trono de mármore sombrio,
Num templo escuro e ermo e abandonado,

Triste como o silêncio e inda mais frio,
Um ídolo de gesso está sentado.

E, como a estranha mão, quebrando a medo
A paz que envolve as funerárias urnas,
Um órgão canta os salmos de um segredo
Pelas amplas abóbadas soturnas.

Cai fora a noite — um mar que se retrata
Sobre outro mar — dois pélagos azuis!
Num as ondas — alcíones de prata,
No outro os astros — alcíones de luz.

E de seu negro mármore no trono
O ídolo de gesso está sentado.
Assim um coração repousa em sono...
Assim meu coração vive fechado.

É visível o ar de família entre os dois poemas, apesar das
grandes diferenças de pormenor e significado. Além do ritmo
ser quase o mesmo, assim como a solenidade hierática e o fechamento, temos o mármore, o elemento régio, o tom sombrio, o prédio solitário, frio e silencioso. Mas, em lugar de um
morto, existe aqui um ídolo; há certa vida na música miste-
riosa do órgão, que ressoa no ambiente fúnebre tangido não
se sabe por quem; e a noite, em vez de ser elemento neutro
que agrava o silêncio e a imobilidade, tem brilho, vivacidade,
comparando-se ao mar numa estrofe que lembra pastiche de
Castro Alves, com os seus apostos altissonantes destacados
por travessões à maneira romântica. O poeta ainda não estava
maduro, e o fato de haver reorganizado anos depois num outro
poema os elementos característicos de "O ídolo", mostra que
a atmosfera formada por eles correspondia a uma preocupação.

Para a análise de "Fantástica", há um traço interessante em "O ídolo": os dois versos finais formam uma conclusão sentenciosa explícita, transformando o poema em mensagem alegórica. Isso quer dizer que no primeiro esboço desse espaço misterioso e hierático a intenção do poeta era elaborar uma alegoria de cunho objetivo, relativa aos sentimentos ("o coração"), como ocorreria também, mais tarde, num poema bastante tolo do *Livro de Ema*, "Interior", onde o coração é um fechado espaço fúnebre que encerra a morte:

> É de alguns o coração
> Como espaçoso salão,
> Por onde confusamente
> Passeia a rir muita gente.
>
> O meu, fechado, sem luz
> Lembra um quarto, onde uma cruz
> Negra se levanta ao centro...
> Jaz um cadáver lá dentro.

Em "Fantástica", parece ter posto de lado esses intuitos, limitando-se parnasianamente a "apresentar" um objeto. No entanto, levando em conta que este poema é de certo modo uma segunda versão de "O ídolo", talvez se possam supor nele resquícios de significado afetivo — mas implícitos e certamente não intencionais, ao contrário do claro desígnio do primeiro poema.

Esse significado estaria ligado ao tema da mulher morta, que na sua obra aparece com visível carga erótica. Mas a natureza objetiva da descrição sugere que isso ficou em estado de vestígio, e que a última palavra deve ser dada só depois de juntarmos mais alguns elementos, perguntando qual é a posição de "Fantástica" no seu momento literário.

A simples comparação com "O ídolo" mostra a passagem de uma atitude subjetiva e confidencial para a objetividade que os parnasianos desejavam, e Alberto de Oliveira alcança neste poema frio, separado do eu, despido de qualquer frêmito que revele o poeta no texto (como a Lira 77 de Gonzaga), ou manifeste a corrente da emoção (como "Meu sonho", de Álvares de Azevedo). "Fantástica" é realmente um *objeto poético*, ligando-se à dimensão "arte pela arte" do Parnasianismo e do Simbolismo, na busca de espaços elaborados que parecem deixar bem clara sua natureza de construção arbitrária; que parecem ressaltar na poesia a criação de um mundo diferente com as suas leis próprias, tendendo a desligar o poema da representação do mundo natural e da alma. Sob tal aspecto, textos como este simbolizam o direito da imaginação procurar uma linguagem redentora, que não se confunda com o que Mallarmé chamava "as palavras da tribo", isto é, a linguagem convencional submetida à função comunicativa no dia a dia.

Uma das maneiras de alcançar esse objetivo foi estabelecer nexos arbitrários entre as palavras, organizando-as em sequências rigorosas, mas sem referência "normal" à sua função denotativa. Outra maneira foi criar símbolos herméticos, propondo leituras possíveis mas nunca indiscutíveis, ao contrário da linguagem referencial. Ainda outra consistiu em artificializar ao máximo o espaço poético, inclusive no sentido físico, de ambientes alternativos que constituem uma natureza própria. Em todos esses casos (percorridos por um grande inovador, como Mallarmé), o denominador comum é o desejo vão e heroico de sugerir (em graus variáveis) que a palavra pode bastar a si mesma.

Nessa ordem de ideias deve ser compreendida a mineralização dos ambientes — saturados pela descrição de mármores, metais, espelhos, joias como no poema "Herodiade" (1869), de Mallarmé, ou no livro *Algabal* (1892), de Stefan George, onde vemos o universo subterrâneo criado por um soberano que o poeta encarnou no imperador Heliogábalo; um palácio no qual a matéria viva, a luz do sol, a palpitação do mundo são abolidas com uma espécie de fúria antinatural; onde as flores são joias e predomina a frialdade dos metais.

Não é difícil perceber que o poema de Alberto de Oliveira partilha de uma aspiração desse tipo. A sua esterilidade egípcia e lendária configura um mundo fechado, no qual reinam as substâncias minerais, as peles, os artefatos; no qual as próprias flores parecem mineralizadas. O mundo natural foi elidido a favor de outro, inventado pela palavra.

4

Chegando à hipótese sobre o significado final (preparada não apenas pela análise da linguagem e da estrutura, mas pela comparação de textos e referências históricas), a primeira pergunta que ocorre é se este poema significa alguma coisa além dos sentidos parciais, já vistos, porque como "objeto poético" ele seria apenas o que estes dizem, nada mais, ao contrário dos textos analisados antes.

Nesse caso, o seu último significado seria, por assim dizer, lateral, proposto pelo leitor quase como extrapolação, da mesma maneira por que se pode encontrar sentido no arranjo de um adorno ou no volteio de um arabesco. Visto assim, talvez seja a demonstração da poesia como artifício, do poema como artefato puro, cujo significado tende no fundo a ser próprio, integrado no silêncio de que o poeta cerca a sua beleza morta e insignificante. Uma beleza desvitalizada, que, no entanto, vive a vida da arte. Desse modo produz-se um objeto plasticamente belo, autônomo, existindo num espaço regido por leis sem medida comum com as que regem o mundo dos homens. Por isso talvez aqui a morte seja uma iniciação, e a morta, um símbolo. Esse mundo mineralizado e precioso, incrustado de objetos raros, fixado com um tom de irrealidade, exprime uma das ambições da mente poética: subverter as leis do mundo em benefício de outras, que ela estatui. Daí a criação de universos isentos, ricos, asperamente defendidos e, se necessário, eriçados de agressão contra o mundo das relações. Agressão latente nesse ambiente sepulcral murado, fechado, cheio de panóplias, narcotizado e esplendoroso.

Se assim for, o espaço fantástico de Alberto de Oliveira representa em grau extremo a extensão de um dos ideais parnasianos, segundo o qual a vida morre, como a princesa, para renascer como arte intangível, na sua riqueza e sua pureza. A alegoria do coração, n'"O ídolo", conduz ao tema erotizado da princesa morta e acaba sublimada num símbolo da pureza poética.

Carrossel

I

O RONDÓ DOS CAVALINHOS

1   Os cavalinhos correndo,
2   E nós, cavalões, comendo...
3   Tua beleza, Esmeralda,
4   Acabou me enlouquecendo.

5   Os cavalinhos correndo,
6   E nós, cavalões, comendo...
7   O sol tão claro lá fora,
8   E em minh'alma — anoitecendo!

9   Os cavalinhos correndo,
10   E nós, cavalões, comendo...
11   Alfonso Reyes partindo,
12   E tanta gente ficando...

13   Os cavalinhos correndo,
14   E nós, cavalões, comendo...
15   A Itália falando grosso,
16   A Europa se avacalhando...

17 Os cavalinhos correndo,

18 E nós, cavalões, comendo...

19 O Brasil politicando,

20 Nossa! A poesia morrendo...

21 O sol tão claro lá fora,

22 O sol tão claro, Esmeralda,

23 E em minh'alma — anoitecendo!

Este poema de Manuel Bandeira foi publicado no livro *Estrela da manhã* (1936), com o título "Rondó do Jockey Club". A ideia da sua composição veio ao poeta durante um almoço oferecido naquele lugar ao grande escritor mexicano Alfonso Reyes em 1935, por ocasião da sua despedida do Brasil, onde era embaixador. E há mais algumas informações necessárias: no mesmo ano de 1935 a Itália invadiu a Abissínia, e a Liga das Nações tentou isolá-la, propondo contra ela sanções econômicas que não tiveram efeito; o ditador Mussolini as desautorou e os países signatários não reagiram. Naquela altura, discutia-se muito no Brasil se a poesia estava no fim, diante da profunda transformação dos meios estéticos e o caráter pragmático da vida moderna. Há também no poema uma queixa relativa à politicagem nacional, então mais movimentada e visível, pois o país tinha saído em 1934 de um período de exceção (e iria entrar noutro, mais duro, em 1937). Fora isso, nada mais a esclarecer como elemento de fora do poema. Com efeito, Esmeralda é criação dele, independente de o nome corresponder ou não a determinada mulher, pois está concebida como entidade poética, podendo inclusive ser o incorpóreo "eterno feminino", *a* Mulher.

É interessante não apenas que um poema moderno se chame rondó, mas que esteja na verdade mais próximo de um rondel. Ambas são formas fixas medievais de origem francesa, restauradas no século XIX com espírito malabarístico, para exercícios sem maior consequência. No fim do século XVIII, Silva Alvarenga tinha inventado um tipo de poema com estribilho a que chamou rondó, mas diferente, mais fluido e parecendo letra de modinha.

Gênero cortesão, o rondel, cujo maior praticante foi um príncipe, Charles d'Orléans (1391-1465), pai do rei Luís XII, deve ter número limitado de versos (em princípio, treze), com um primeiro retorno obrigatório de dois deles, e em seguida só de um, de maneira a configurar um estribilho, ou refrão. Além disso, não deve ter mais de duas rimas.

A rigorosa construção d'"'O rondó dos cavalinhos" requer tratamento igualmente rigoroso, como tentaremos fazer, abordando os elementos mais fáceis de observar: pontuação, rima, ritmo, categoria gramatical, estrofação — que *contêm* sentidos, mais do que se poderia pensar à primeira vista. Da sua descrição atomizada passa-se à correlação entre eles, a fim de procurar a fórmula segundo a qual o poema foi construído; e, com isso, chegar ao significado.

2

Observando a pontuação, percebemos o seguinte:

1 todos os versos são pontuados no fim;

2 há oito versos terminados por reticências. Num total de 23, o índice é elevado — pouco mais da terça parte. Note-se que desses oito versos, cinco são o 2º do estribilho;

3 nesse segundo verso do estribilho (repetido cinco vezes), há vírgulas fortes, isto é, forçando pausas acentuadas;

4 no verso 8 (que é o mesmo 23) o verbo está destacado por um travessão e seguido por um ponto de exclamação.

Passando às rimas, nota-se que são muito parecidas:

é quase uma só, pois pouco muda a sonoridade a substituição da rima *endo* pela rima *ando*.[1]

Além disso, elas são terminações gerundivas de verbos: todas denotam certo tipo de ação, no mesmo modo verbal. Ligando esse fato ao do estribilho aparecer cinco vezes em 23 versos, e de haver em todo o poema apenas sete versos não repetidos (um pouco menos da terça parte), notamos acentuada uniformidade sonora: nas rimas quase iguais, na sua repetição sistemática, nos versos retomados integralmente.

As rimas são parelhas no estribilho, isto é, o primeiro verso rima com o seguinte. Os demais rimam assim: o último da 1ª estrofe (verso 4) rima com o último da 2ª estrofe (verso 8), ambos com a mesma terminação do estribilho (*endo*); o último verso da 3ª estrofe (verso 12) rima com o último da 4ª (verso 16), com terminações diferentes do estribilho (*ando*). O 3º verso de cada uma das quatro estrofes é solto, isto é, não rima com nenhum outro (versos 3, 7, 11, 15).

A última estrofe é maior, formada por uma quadra igual às outras, acrescida de três versos, que são uma retomada dos dois últimos da 2ª estrofe (versos 7-8), o primeiro dos quais repetido de forma modificada (verso 22). Nesta última estrofe predominam as rimas do estribilho (*endo*); mas os versos 21 e 22 são soltos, e o verso 19 rima em *ando* com os finais da 3ª e da 4ª estrofes (versos 12 e 16).

Esses dados permitem uma primeira correlação entre a disposição das estrofes e a disposição das rimas. Sob este aspecto, note-se que a 1ª e a 2ª estrofes são idênticas quanto à rima (deixando de fora os versos soltos): *endo-endo-endo*; *endo-endo-endo*. A 3ª e a 4ª estrofes são diferentes delas, mas iguais entre si:

---

[1] Emanuel de Moraes, *Manuel Bandeira: Análise e interpretação literária*. Rio de Janeiro: José Olympio, 1962, p. 211.

endo-endo-ando; *endo-endo-ando*. A estrofe final parece uma duplicação das duas primeiras, entremeada por um ponto de ligação com a 3ª e a 4ª: *endo-endo-(ando)-endo-endo*. Dessas observações decorre que a correlação entre as rimas e as estrofes mostra que o poema é formado por três blocos, caracterizados por estes elementos *materiais*, a saber: (1) estrofes 1 e 2 (versos 1-8); (2) estrofes 3 e 4 (versos 9-16); (3) estrofe 5 (versos 17-23). Esta circunstância é relevante no plano do significado, como se verá adiante.

3

Passando a outro elemento *material*, o ritmo, verifica-se inicialmente que o metro é de sete sílabas, e que uma leitura meramente silábica não adianta nada para a compreensão. Seja o estribilho:

```
 1     2     3     4     5     6     7
Os /  ca /  va /  li / nhos /  co / rren /  do
 E /  nós / ca /  va / lões /  co / men /  do.
```

Mas se lermos obedecendo rigorosamente à pontuação acima verificada, isto é, dando força às pausas determinadas pelas vírgulas, teremos a combinação de um ritmo corredio com um ritmo picado:

```
Os cavalinhos correndo //
E nós // cavalões // comendo.
```

Ou:

É fácil verificar que o segundo verso sugere um forte movimento de galope, que ficará altamente sugestivo (e mesmo imitativo) se o acentuarmos intencionalmente de maneira exagerada, extraindo, por assim dizer, do staccato, a força virtual de um galope, que a nossa leitura obriga a manifestar-se. Com isso, passamos de uma atitude meramente descritiva para uma atitude conclusiva. O levantamento dos traços materiais permite começar a compreender o poema em nível de maior exigência interpretativa.

Se confrontarmos a variação de ritmo do dístico com o sentido expresso, notaremos o seguinte: os cavalos de corrida estão correndo no prado, mas em ritmo deslizado (vistos de longe, parecem cavalinhos de carrossel); os homens, comparados a cavalões, estão comendo e participando de uma reunião social, mas, grotescamente, em ritmo de galope. Portanto há uma contradição, levando a crer que haja um juízo de valor implícito na diferença dos ritmos. Com efeito, é o ritmo que aprofunda e dá consistência estrutural à comparação do homem ao cavalo, dando-lhe uma gravidade que não existe no plano do enunciado, pois o ritmo incorpora visceralmente ao homem um atributo equino — o galope.

Esta leitura parece correta, porque pode ser comprovada objetivamente pelo estudo gramatical do dístico. Ele mostra que "cavalo" é sujeito no primeiro verso, mas aposto do sujeito no segundo. Ora, o aposto se caracteriza estruturalmente na frase pelas pausas que impõe. Por isso, passando de sujeito a aposto, "cavalo" recebe necessariamente um destaque, sonoro e semântico, porque está situado entre duas paradas fortes, representadas pelas vírgulas. Além disso, as vírgulas delimitam palavras oxítonas ("nós", "cavalões"), o que aumenta o efeito de corte e parada. Há, portanto, um notório efeito de contraste no plano do ritmo, que nos leva a indagar se haverá a mesma coisa no plano do significado, além do que sugere a metáfora ("homens" = "cavalões").

Para isso, imaginemos a seguinte proposição:

O cavalo é um ser que galopa; o homem é um ser que não galopa.

Ou, simbolicamente:

$$C = g \qquad H = ng$$

Se comprarmos esta proposição com o estribilho, veremos o contrário, pois ritmicamente o cavalo desliza, enquanto o homem é quem galopa.

Ou:

$$C = ng \qquad H = g$$

Portanto há um cruzamento de ações e atributos, que no plano semântico suscita uma contradição, cuja existência já estava inscrita pelo ritmo no plano estrutural. Assim, a análise dos elementos "materiais", externos ao poeta e ao leitor, porque integram a estrutura do poema, permitiu estabelecer um fundamento objetivo para a análise semântica. Ou, generalizando em termos de método: o estudo do nível estrutural revela o significado, que é mais profundo em relação ao sentido ostensivo.

Isso fica reforçado se atentarmos para outros traços, como o grau dos substantivos: referido a cavalo, "cavalinho" é carinhoso e desanimalizador, inclusive pela assimilação virtual com o carrossel, feito para brinquedo; referido a homem, "cavalão" é depreciativo. A palavra aparece, portanto, deformada poeticamente pelo grau: o diminutivo retira dela o que há de animalizado; o aumentativo infunde animalidade no homem.

Recapitulando: começamos pelo exercício do ouvido, tentando captar o ritmo correto de leitura; passamos à estrutura gramatical, para ver que o ritmo corresponde à mudança de função do substantivo, impondo uma pontuação obrigatória; chegamos a concluir que o significado se manifesta como função dos elementos estruturais, desde que sejam percebidos numa perspectiva adequada.

Antes da análise rítmica, a leitura mostra, obviamente, que os cavalos estão correndo e os homens estão comendo, sendo certo que correr e comer constituem ações que podem ser praticadas por ambos. Mas é o plano rítmico que revela o elemento diferencial decisivo, sugerindo que a ação de comer, quando atribuída ao homem, se processa como galope, e isso o *reduz* ao nível do cavalo. Esse desvendamento se faz pelo choque entre os dois planos, o léxico e o rítmico. Com efeito, a contradição estabelecida pelo ritmo perturba a verificação "normal" e obriga a ler assim: "os inofensivos cavalos, delicadamente deslizando na pista conforme a visão a distância, são seres inocentes, domesticados para nos divertirem, a nós, homens, que na verdade somos mais brutos do que eles, e comemos comodamente em meio às iniquidades e frustrações do mundo, enquanto eles se esbofam".

O fato de os cavalos estarem em ritmo, digamos, humanos, e os homens em ritmo cavalar, destaca a ideia de contradição, contraste, oposição, que é o elemento mais importante entre os que revistamos. Trata-se de uma tensão de significados, um dos fatores principais da linguagem poética.

4

Até agora, só estudamos praticamente o dístico-estribilho. É tempo de perguntar qual é a sua ligação com os outros dísticos, separados dele por reticências e formando a segunda parte de cada quadra (versos 3-4, 7-8, 11-12, 15-16, 19-20). A resposta é que não há ligação. As estrofes são formadas por dísticos desligados, pelo menos aparentemente, como indica a pontuação que os delimita. Para averiguar se há entre elas algum traço unificador, podemos usar o elemento mais geral que percebemos até agora, a contradição, aplicando-o à análise dos segundos dísticos de cada estrofe. O resultado é o seguinte:

beleza	×	loucura
sol claro	×	alma escura
um bom que vai	×	maus que ficam
país prepotente	×	países submissos
politiqueiros ativos	×	poesia perecendo

Não há dúvida, portanto, de que todos eles são baseados em contradições, e na nossa análise essa verificação adquire um efeito comprobatório circular, isto é: a contradição verificada através do ritmo do dístico principal (estribilho) se verifica também em todos os outros; o fato de todos os outros serem construídos segundo uma estrutura contraditória reforça a ideia de que o ritmo do estribilho cria, de fato, uma contradição essencial. O nível estrutural remete ao nível semântico, e vice-versa, como a parte e o todo remetem um ao outro. Então, podemos verificar que:

1 a homogeneidade das rimas e do esquema rímico em geral é apenas manifestação de uma homogeneidade mais larga, baseada na estrutura contraditória. Todos os dísticos são construídos segundo ela;

2 a estrutura contraditória de cada dístico se amplia como modelo, até definir a estrutura contraditória de todo o poema;

3 há outras contradições, como a que se observa entre a unidade sonora e a dualidade semântica;

4 talvez a divergência, a falta de nexo entre o estribilho e cada um dos dísticos que o segue seja, na verdade, uma forma de contradição, de oposição.

Ora, a contradição é um fenômeno de choque, de contraste e até conflito entre dois elementos que se opõem. Nesse sentido, vamos explorar uma verificação de ordem meramente estrutural que já foi feita antes: a correspondência entre o esquema rímico e a divisão do poema, que vimos ser em três blocos.

O primeiro bloco é formado pelas duas primeiras estrofes, com rimas *endo-endo-endo* (versos 1-8). O primeiro de seus dísticos é construído de modo irônico, confirmado pelas reticências, sinal que denota frequentemente este estado de espírito: os delicados cavalinhos estão correndo, e nós, homens cavalarmente brutais, comendo... É notório o choque de sentido entre o cavalo tratado afetuosamente, e o homem tratado como bruto; também notório é o choque rítmico entre o deslizamento do primeiro e o galope do segundo. Estamos em plena contradição irônica; aliás, a ironia é uma figura baseada exatamente na contradição dos termos.

Já no segundo dístico (versos 3-4), a contradição parece sobretudo patética; contraste entre a beleza, que normalmente deveria pacificar, exaltar e, no entanto, enlouquece: "Tua beleza, Esmeralda,/ Acabou me enlouquecendo". O mesmo pode ser dito do segundo dístico da 2ª estrofe (versos 7-8), com o contraste entre a claridade do sol e a penumbra da alma. No entanto em ambos há também um toque de ironia: no primeiro dístico, devido à situação de contraste e do próprio ar meio grandiloquente; no segundo dístico, devido à banalidade das imagens. Um patético infiltrado de ressaibo irônico.

Na 3ª e na 4ª estrofes os dísticos que seguem ao estribilho (versos 11-12 e 15-16) são igualmente baseados numa contradição, que, todavia, não parece patética, mas predominantemente irônica, o que é marcado pelas reticências. "Tanta gente que poderia ir sem fazer falta e, no entanto, quem vai é logo alguém da qualidade de Alfonso Reyes, que poderia ficar..." "A Itália fascista falando grosso e se impondo à maioria das nações, que tentaram chamá-la à ordem, mas acabaram se rebaixando..." No entanto, simetricamente ao que observamos antes, a ironia aqui não é pura, porque há um toque de patético nas duas situações: a do homem bom (avis rara) que vai embora no lugar dos medíocres e maus; e sobretudo a do país prepotente, que, entretanto, prevalece na empresa de esmagar um pobre país primitivo. Ironia infiltrada de ressaibo patético.

Nesses termos, verifica-se a importância da análise das rimas, que caracterizam dois blocos, diferenciados pelo teor do discurso. Com efeito:

1º bloco: estrofes 1 + 2, com rimas *endo-endo-endo* e o seguinte tipo de discurso: Irônico + Patético (irônico);

2º bloco: estrofes 3 + 4, com rimas *endo-endo-ando* e o seguinte tipo de discurso: Irônico + Irônico (patético).

Há, portanto, funcionalidade das rimas e correspondência entre os aspectos estruturais e os aspectos semânticos, determinando uma oposição geral entre o 1º e o 2º bloco. Sobre a base comum do estribilho irônico, eles se diferenciam e se opõem pela tonalidade dos dísticos terminais de cada estrofe.

O terceiro bloco é misto, como as rimas que nele ocorrem. A quadra virtual (versos 17-20) é interessante, porque é francamente irônico o verso 19, que termina em *ando* e rima com os versos finais da 3ª e 4ª estrofes, respectivamente versos 12 e 16. O verso 20, terminado em *endo*, que rima com o estribilho, seria patético pelo conteúdo, mas com forte marca de ironia, assinalada pelo ponto de exclamação e as reticências. Mas o retorno dos versos da 2ª estrofe, com rima em *endo* (versos 20 e 23), reintroduz a nota patética. Assim, essa estrofe é sincrética, não apenas pela solda de uma quadra e mais três versos, mas pela mistura bastante íntima de ironia e patético. Isso talvez permita concluir a análise desse aspecto do poema, dizendo que as estrofes se ordenam segundo uma dialética da ironia e do patético, com a unidade formada pelas oposições de tonalidades. Seja como for, a nossa conclusão seguiu o rumo do levantamento dos elementos "materiais", para extrair deles os significados, passando pela percepção da estrutura. Fiquemos assim com uma noção que tem bastante valor prático no trabalho sobre os textos: na análise, que não pode se limitar às intuições, mas precisa suscitá-las ou confirmá-las, a estrutura tem precedência como elemento de compreensão objetiva. Pelo menos como etapa do método, o significado pode ser considerado contido nela.

5

Este árido exercício deveria prosseguir, orientado agora pela constatação de que o poema se rege por contradições; de que a sua estrutura é contraditória, marcada pela recorrência de um dístico irônico. A ironia deve ser levada sempre em conta, porque é geradora da contradição, ou seja, da oposição entre os elementos. Ela domina de tal modo que não dá muito lugar para as outras figuras, usualmente mais importantes ou mais frequentes do que ela, como a metáfora, a metonímia, a sinédoque. Neste poema, as metáforas são do tipo usual, isto é, desgastadas pela incorporação à fala corrente: enlouquecer de amor, anoitecer na alma, morrer a poesia. É verdade que a ironia central se constrói sobre a metáfora (homem = cavalo); mas de importância menor em face do seu envolvimento por aquela.

De fato, a ironia aqui é ampla e misturada, abrangendo uma nota de patético e de melancolia; e sabemos que se fala em "ironia trágica", "ironia do destino", "cruel ironia" etc. Há uma ironia de conotação cômica, ou simplesmente alegre, e outra de conotação trágica, ou simplesmente melancólica. Entre ambas, a gama é vasta.

Uma última observação de reforço, a respeito da correlação entre o vocabulário e o gênero. O vocabulário deste poema se caracteriza pelo uso coloquial das palavras e frases, com extrema simplicidade, seja do lado da nota irônica, seja do lado da nota patética. Linguagem popular, como "cavalão", "falando grosso", "se avacalhando", "politicando", "nossa!". Locuções sem formalismo, como "acabou me enlouquecendo", "tanta gente ficando". Ora, isso contradiz a própria essência do gênero, cortesão e elegante, que em princípio exige linguagem requintada. Portanto há choque entre a norma e o seu uso, mostrando a ironia do poeta ao se servir de um antigo gênero polido para descrever um acontecimento mundano atual (primeiro nível da ironia), mas desfigurando-o essencialmente pela identificação daquela burguesia cavalar à natureza animal (nível segundo e mais forte da ironia). É como se o poeta degradasse uma forma literária antiga, associada a ideias de elegância e finura, associando-a à esterilidade mesquinha do mundo burguês, que procura imitar sem êxito comportamentos esvaziados do seu significado (como em *A terra desolada*, de T.S. Eliot).

Isso encerra o nosso exercício voluntariamente incompleto, pois já ficou dito o que queria dizer, isto é: para uma conclusão objetiva sobre o significado do poema (inclusive a fim de confirmar intuições eventuais), convém partir de verificações elementares, que permitem desmontar a estrutura.

6

Agora só falta terminar, resumindo assim: o poema descreve a oposição entre uma cena vivida e as reflexões ou sentimentos que vão-se desenrolando simultaneamente no íntimo do poeta. Na tribuna de um prado de corridas (que naquele tempo era lugar muito elegante), há um almoço em homenagem, enquanto os cavalos correm. Parecem quase brinquedos, inofensivos, deslizando ao longe. Páreos e almoço duram algum tempo, registrado pela recorrência do estribilho, que descreve a ação exterior e se transforma, de exigência do tipo de poema, em traço funcional; e o fato de ele marcar a duração temporal mostra que, no caso, a forma do rondó é operativa como registro da realidade. No salão, os convidados parecem na verdade uns animais, indiferentes ao que vai no espírito do poeta, insensíveis à beleza da tarde, inconscientes da gravidade do mundo. O poeta divaga sobre tudo isso, mas só lembra coisas frustrantes, em oposição e contraste com o movimento externo, a euforia da corrida e da festa. Frustradoras — sejam as de cunho pessoal (insatisfação amorosa, melancolia), sejam as de cunho social (partida de um homem eminente, descalabro da paz no mundo, politicagem no país). Há mistura, oposição constante entre a cena exterior e a "ladeira do devaneio" (para falar como Victor Hugo). E parece que as coisas brilhantes recobrem no fundo as coisas deprimentes. No entanto tudo isso deve ser tomado como um grão de sal, porque afinal de contas a vida é assim mesmo, e nela tudo se mistura, não havendo estados de pureza da percepção ou das emoções. O que não impede que o balanço, nessa tarde de domingo festivo, seja melancólico. Uma ironia melancólica, que atenua o patético, mas também embota a amargura e o sarcasmo.

Dito assim, tudo fica meio pedestre, como são as paráfrases. Mas dito pelo poeta, é admirável, porque a poesia não depende do "tema", e sim da capacidade de construir estruturas significativas, que dão vida própria ao que de outro modo só se exprimiria de maneira banal. Aqui, o essencial está no fato de a mensagem ser organizada por meio de um determinado sistema de oposições, manifestado em ritmos, sonoridades, cortes, surpresas, fulgurações verbais, num dado contexto. Essa organização realça na complexidade do discurso a função poética, espelho de Narciso da palavra e, para nós, uma espécie de plumagem sexual que ela reveste.

Assim, truques como a simples repetição dos versos 7 e 8 em contexto novo, além da duplicação de um deles, modificado pela evocação da Esmeralda referida no verso 3 (versos 21-23), ampliam o significado e transmitem uma extraordinária carga de patético, destilado paradoxalmente pela ironia:

21   O sol tão claro lá fora
22   O sol tão claro, Esmeralda,
23   E em minh'alma — anoitecendo!

A importância estratégica deste trecho é grande, porque ele efetua o destaque de versos anteriores (versos 3, 7, 8), que desse modo se elevam a um nível relevante e *significam* de modo especial, inclusive porque a metáfora do último verso (que repete o 8º) é posta em destaque pelo travessão e o ponto de exclamação, parecendo com isso adquirir sentido privilegiado. A repetição dos versos 7-8, com a variante do verso 22, envolve e recobre a do estribilho, que lhe serve de modelo; e ambas mostram como as regras do rondó-rondel podem ser úteis para sublinhar a mensagem.

Quanto a esta, diz Emanuel de Moraes (na obra e página citadas) que o "conteúdo lírico" não se encontra no assunto ocasional da homenagem mundana a Alfonso Reyes, mas nestes versos, "cujo significado é o dominante do poema". Depois da análise feita aqui, talvez se possa dizer que o significado dominante decorre do sistema de oposições e contradições, que constituem o princípio estrutural e explodem como joia rara nessa contradição suprema do amor que escurece a alma, dentro do fulgor do dia claro, restaurando inesperadamente a pujança da metáfora (mesmo usual), como coroamento de um poema dominado pela ironia.

Pastor pianista/pianista pastor

I

Quando enfrentamos um poema escrito segundo a versificação tradicional, devidamente metrificado e rimado, a análise tende a se apoiar nas características aparentes, que definem a fisionomia poética. Metro, rima, ritmo, cesura, divisão em estrofes atraem logo a atenção e, servindo para trabalhar o texto em certo nível, podem induzir o analista a não ir mais longe, e a não tirar deles o que podem realmente "significar". Como se viu nas análises anteriores, esses elementos "materiais" do poema são portadores de sentidos que contribuem para o significado final.

Mas quando se trata de um poema não convencional, isto é, sem métrica nem rima, sem pausa obrigatória nem lei de gênero, a camada "aparente" parece não existir, ou não ter importância, e nós somos jogados diretamente para o nível do significado. No entanto seria erro supor que um poema desses não tenha organização. Mesmo que os recursos convencionais de formalização sejam descartados, os códigos continuam a existir. Na análise de um poema "livre", o objetivo inicial é a própria articulação da linguagem poética — fato mais geral e durável do que as técnicas contingentes que a disciplinam nos vários momentos da história da poesia.

2

Seja um poema de Murilo Mendes, poeta que às vezes perturba o analista, porque não oferece uma superfície fácil para o levantamento dos recursos usados:

O PASTOR PIANISTA

1   Soltaram os pianos na planície deserta
2   Onde as sombras dos pássaros vêm beber.
3   Eu sou o pastor pianista,
4   Vejo ao longe com alegria meus pianos
5   Recortarem os vultos monumentais
6   Contra a lua.

7   Acompanhado pelas rosas migradoras
8   Apascento os pianos que gritam
9   E transmitem o antigo clamor do homem

10   Que reclamando a contemplação
11   Sonha e provoca a harmonia,
12   Trabalha mesmo à força,
13   E pelo vento nas folhagens,
14   Pelos planetas, pelo andar das mulheres,
15   Pelo amor e seus contrastes,
16   Comunica-se com os deuses.[1]

Analisar este poema é essencialmente tentar a caracterização da sua linguagem, a partir do problema das tensões, muito vivo aqui a começar pela ambiguidade do título, que

---

[1] Há variantes na versão inicial, publicada em *As metamorfoses* (Rio de Janeiro: Ocidente, 1944), na qual não havia o verso 15. A data da composição é 1941.

pode significar "pastor que toca piano", ou "pastor que apascenta pianos".

Além disso, é notório o efeito de surpresa, que desde muito é visto como um dos fatores de constituição da linguagem poética e pode ser expresso pela série: divergência → ruptura → surpresa. A surpresa consiste na ocorrência de algo inesperado, que o leitor não previa e lhe parece fora da expectativa possível, mas que graças a isso o introduz num outro país da sensibilidade e do conhecimento. País onde ele se sente pronto para aceitar uma realidade nova. Aliás, tanto a tensão quanto a surpresa decorrem da própria natureza da linguagem figurada, tão importante na caracterização do discurso literário em geral, do poético em particular.

> Como cantas, se és flor de Alexandria?
> Como cheiras, se és pássaro de arminho?

Nestes versos de Gregório de Matos há surpresas incríveis (a flor canta, o pássaro perfuma), baseadas em incríveis tensões devidas à metáfora, que arrasta a mulher para a natureza da flor e do pássaro, por sua vez tornados mulher. Ousadias desse tipo assustavam os tratadistas clássicos, que recomendavam aos poetas não exagerarem no uso da metáfora. Ora, frequentemente a poesia se forma melhor, e sobretudo se renova, por meio das estéticas do *exagero*, que rompem as associações *normais* e criam nexos inesperados.

Lendo com esse espírito o poema de Murilo Mendes (que antes de qualquer outra coisa deslumbra como um cenário surrealista), é possível fazer certas verificações úteis para a análise, começando por lembrar o que foi dito sobre o gênero pastoral a propósito da Lira 77 de Gonzaga. Com efeito, "O pastor pianista" é uma pastoral fantástica, na qual os elementos habituais foram trocados: o prado pode ser um deserto, onde provavelmente não existe água, pois quem bebe são sombras; e onde não faz mal que assim seja, porque o rebanho não é de ovelhas, mas de pianos, que irrompem no verso de abertura com um movimento insólito e perturbador. Nos termos de Kenneth Burke, mencionados na análise da referida Lira, dir-se-ia que as equações "cena-ato" e "cena-agente" são estabelecidas aqui de modo fantasmagórico, acarretando no discurso poético um teor igualmente fantasmagórico. Note-se, a propósito, o sugestivo conflito entre a tonalidade surreal moderna e os vestígios de um gênero arcaico.

O primeiro verbo, "soltaram" (verso 1), manifesta com relação aos pianos a expectativa de uma ação que eles não podem praticar, ao contrário do que vai acontecer depois do verso 10, quando há um desvio brusco e aparece o homem, com atitudes e sentimentos que lhe são próprios. (Antes de ir adiante, mencionemos o poema "Lembro-me", também de *As metamorfoses*, mas que se encontra apenas na 1ª edição:

> Lembro-me de uma tarde
> Em que os pianos furiosos galopam no ar.)

Como vimos no caso de Gonzaga, a poesia pastoral é baseada numa simulação que reduz o homem culto ao nível rústico, puxando o leitor junto com o poeta para um mundo remoto e ambíguo, onde as contradições se resolvem por meio de uma certa tonalidade alegórica. O poema de Murilo Mendes acentua esse paradoxo, na medida em que a situação teoricamente primitiva de apascentador de rebanhos é atravessada pelo choque insólito de objetos inanimados e tecnicamente modernos, os pianos, gerando-se duas incongruências: a substituição do gado por eles e a presença deles no campo.

Ora, isso é impossível, mesmo convencionalmente, e só pode ocorrer se forem criadas relações inteiramente novas entre os objetos, entre estes e os seres, e de todos com o espaço — como acontece no Surrealismo (em cuja atmosfera este poema mergulha), segundo cujas normas um violino pode ter olhos, a pele pode estar presa ao rosto por alfinetes, e o céu, constelado de flores. O que se forma é uma série de choques em cadeia, na linha indicada (divergência → ruptura → surpresa), gerando uma transcendência inesperada, uma espécie de realidade irreal, mas atuante. Esse toque estabelece em termos novos e mais drásticos o afastamento próprio da convenção pastoral, aumenta o distanciamento da situação e cria uma tensão máxima, a partir da insólita associação "pianos" — (na) — "planície", inviável para o discurso lógico usual, pois pressupõe que se possam "soltar" (deixar que se movimentem, aplicável logicamente ao gado) "pianos na planície deserta". "Soltar" e "planície" se articulariam de modo perfeito como elementos de um contexto pastoral; mas o termo médio, "pianos", estabelece a impossibilidade da conexão. Esta poderia ser lógica se fosse mediada por outros termos:

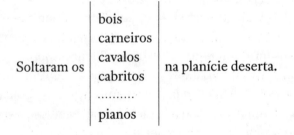

A combinação se torna poética no nível linguístico devido à seleção: no caso, ela instaura um possível lógico, inesperado e incongruente, mas transfigurador. A palavra escolhida carreia para a frase resultante as conotações abafadas de outras palavras que poderiam ter sido preferidas (e seriam poeticamente possíveis nos contextos adequados), mas que acabaram virtualmente postas de lado, como alternativas rejeitadas.[2] Por isso, a palavra escolhida, "pianos", suscita uma coerência poética definidora de realidade nova, que torna indispensável o que no início era optativo. Com efeito, os pianos são tratados como se houvessem recebido algo da natureza dos descartados bois, carneiros, cavalos etc., pois constituem um rebanho insólito no espaço fantasmagórico da planície deserta. A coerência resultante assegura a validade do verso, como linguagem logicamente aberrante mas poeticamente viável, pois sabemos que muitas vezes a poesia é devida a uma normalização peculiar da discrepância. Neste poema, a normalidade equivale a criar um novo nexo, coerente em si mesmo, que vai legitimando as incongruências à medida que elas se acumulam. Esse nexo não está referido às normas lógicas, mas às peculiaridades do poema.

No verso 2 há novo choque, devido à associação também inviável, provavelmente de cunho metonímico: "as sombras" (efeito da causa "pássaros") "vêm beber" (como se fossem aqueles pássaros, suas causas). Ela estabelece um outro afastamento semântico, pois em lugar de pássaro surge a sua projeção imaterial e distante. A relação do verso 1 com o verso 2 configura o que se pode chamar "efeito de adjacência", isto é, a contiguidade dos termos faz que um exerça influência sobre o sentido do outro, de tal modo que as alterações semânticas acabam consagradas pelo novo relacionamento entre eles. Com efeito, pensa o leitor, numa planície onde bebem sombras, os pianos podem ser soltos, e reciprocamente. Por outras palavras: o fato de haver sombras que bebem reforça a credibilidade em pianos

---

2 Estou dando extensão metafórica ao conhecido conceito linguístico de Jakobson: "A função poética projeta o princípio de equivalência do eixo da seleção sobre o eixo da combinação". Roman Jakobson, "Linguistique et poétique". *Essais de linguistique générale*. Paris: Minuit, 1963, p. 220.

que são soltos como gado — e vice-versa. O processo cumulativo robustece a coerência poética na medida em que aumenta a incongruência, em vez de desmascará-la.

Se no verso 2 cortarmos "as sombras d'", teremos: "onde os pássaros vêm beber", o que daria uma frase congruente, mas poeticamente fraca, ou mesmo nula, porque não permitiria o efeito de adjacência, nos termos estabelecidos pelo poema. De fato, ela criaria um conflito insanável entre a incongruência do verso 1, de teor tão poético, e a congruência pedestre do verso 2, modificado pela supressão hipotética de "sombras". Portanto é o elemento logicamente aberrante que não apenas dá o toque da verdade poética, mas justifica o verso anterior, sendo por ele justificado.

Note-se que tanto o verso 1 quanto o verso 2 têm uma característica em comum: eles formariam frases "normais", menos uma palavra — respectivamente "pianos" e "sombras". Tais palavras instauram a ruptura e suscitam esse tipo de efeito poético, criando a "impertinência", nos termos de Jean Cohen. Como diz ele, palavras como estas são "sujeitos impossíveis", em relação aos quais a predicação se torna ilógica. Isso rompe a "normalidade" do enunciado e, ao fazê-lo, funda o discurso poético na "anormalidade", ou seja, na "violação do código da linguagem usual".[3]

Este tipo de "anormalidade" não tem o caráter necessário e universal que lhe atribui Cohen (cuja teoria foi julgada com razão, por mais de um estudioso, baseada com excessiva parcialidade na dimensão linguística, explorada com falível critério estatístico); mas é sem dúvida um dos modos de constituição do discurso poético, ao estabelecer a disparidade entre um substrato "normal" possível e um superestrato "anormal" efetivo.

---

3 Jean Cohen, *Structure du langage poétique*. Paris: Flammarion, 1966, passim, sobretudo pp. 105 ss. Também pp. 199 ss. Este livro influenciou bastante a presente análise; dele, há tradução com o mesmo título (2. ed. São Paulo: Cultrix, 1978).

Em sentido mais amplo, Hugo Friedrich considera a "anormalidade" característica principal da poesia contemporânea, fundada em "linguagem sem um objeto comunicável", que "tem o efeito dissonante de ao mesmo tempo atrair e perturbar quem a lê. Em face de tais fenômenos, implanta-se no leitor a impressão de anormalidade. Está de acordo com isso o fato de que um conceito básico dos modernos teóricos da poesia é — surpresa, espanto".[4]

3

Os quatro versos seguintes formam um segundo par (3 + 4.5.6) e se caracterizam, ao contrário, pela predicação normal. Mas apenas na aparência; a normalidade é ilusória, pois se tornou impossível devido ao efeito de adjacência exercido pelos versos 1 e 2, que *contaminam* os seguintes. Os pianos, que em princípio o pastor poderia mesmo ver destacados contra a lua, já não são pianos quaisquer: foram "soltos" e, desse modo, ganharam uma estranha natureza semovente. Tanto assim que os versos 1 e 2 não deixam mais formar-se o sentido normal do verso 3, que seria: "Eu sou o pastor que, além disso, é também pianista"; eles obrigam o qualificativo "pianista" a incorporar o significado fantástico de "pastor que apascenta pianos", que os "toca" no sentido de fazer andar pela planície. O título do poema, com a sua ambiguidade, fica então parecendo um destaque antecipado do decisivo verso 3 ("Eu sou o pastor pianista"). Com efeito, eis algumas variações possíveis:

Eu sou o pastor que toca pianos

4 Hugo Friedrich, *Die Struktur der Modernen Lyrik: Von Baudelaire zur Gegenwart*. Hamburgo: Rowohlt, 1956, p. 12. (Há tradução portuguesa de uma versão revista: *Estrutura da lírica moderna: Da metade do século XIX a meados do século XX*. São Paulo: Duas Cidades, 1978.)

Eu sou o pastor que apascenta pianos

Eu sou o pastor que toca $\begin{bmatrix} = \text{tange} \\ = \text{apascenta} \end{bmatrix}$ pianos

Eu sou o pianista pastor
Eu sou o pianista que apascenta

Eu sou o pastor que toca $\begin{bmatrix} = \text{tange} \\ = \text{apascenta} \end{bmatrix}$ pianos

Portanto entre "pastor" e "pianista" há um intercâmbio de sentidos, uma reversibilidade, que é o fulcro dos significados, inclusive por causa dos verbos que estão implícitos na atividade específica de cada um: "tocar" e "tanger". Ambos são de alta ambiguidade, porque podem ser usados indiferentemente para significar a execução musical num instrumento, ou o ato de movimentar animais. O qualitativo "pianista", que funciona como adjunto, poderia destacar no pastor o aspecto que conviesse; mas isso é limitado pela força do que vem antes e depois. De fato, "pianista" é adjetivo restritivo, que define um aspecto do substantivo "pastor". Por que razão precisaria um pastor ser definido por esta qualidade? Que cabimento há em dizer que ele é também costureiro, professor ou pintor? Aqui a coisa é diversa, porque os pianos, que vêm antes e depois, transformam o atributo acessório em elemento essencial, que define a natureza do sujeito. Em princípio, o que é atributivo não pode ser essencial, mas tais paradoxos são riquezas da linguagem poética. "Pastor" e "pianista" não apenas ficam no mesmo nível de significação, mas o segundo acaba parecendo forma adjetivada de um adjunto nominal — "pastor de pianos" — implicando a tensão semântica: "pastor pianista" ou "pastor de pianos"? Nos dois ocorre a perturbadora flutuação de sentido: pastor que toca, tange (= executa *ou* apascenta).

Embora os versos seguintes esclareçam que de fato o pastor apascenta pianos na planície, resta algo insolúvel na ambiguidade. E é o que manifesta a sua natureza poética, oscilando entre mais de uma possibilidade de significar, como se (repetindo o que já foi dito) a riqueza das palavras possíveis que o poeta rejeitou, e ficaram dormindo no dicionário, fluísse encachoeirada entre as muretas limitadoras das frases que afinal compôs. A força dos bois, das ovelhas, dos cavalos dá aos pianos uma possibilidade inesperada de se animarem, tornando-se pianos singulares e cheios de magia. Isso constitui o nódulo estrutural de polivalência, que alguns chamarão incongruência poética, se não quiserem voltar ao velho e cômodo conceito de "mistério", que estava na moda quando "O pastor pianista" foi composto. Neste poema seco e preciso, há de fato o cunho misterioso dos estados de sonho, procurados como verdade alternativa, e até mais autêntica, segundo vimos no contexto do Romantismo, ao comentar Álvares de Azevedo.

Assim, a análise permite ir desvendando o núcleo responsável pela irradiação do elemento poético, que no caso contrasta com os elementos lógicos, seja porque diverge deles como nexo semântico, seja porque os força a significar conforme o seu nexo próprio. Em termos não linguísticos, este nexo próprio se manifesta na natureza surrealista do poema, caracterizada pelos desvios da função habitual de seres e objetos. Como visão do mundo e da arte, o Surrealismo é um modo extremo de não pertinência, ou de incongruência, caracterizando-se por afastamentos máximos em relação à norma. Como no plano da linguagem propriamente dita, isso não se dá apenas pela substituição de nexos lógicos por nexos não lógicos (o fato de um pastor apascentar pianos), mas por contaminação devida à contiguidade, ou seja, o efeito de adjacência (se um pastor apascenta pianos, nada impede que eles sejam soltos na planície deserta).

4

A seguir, surgem dois segmentos: um simples, formado pelos versos 7-9; o outro, formado pelos versos 10-16, se subdivide em dois momentos: (1) versos 10-12 e (2) versos 13-16.

O primeiro segmento (versos 7-9) é provavelmente o ápice da incongruência lógica e da figuração poética, sendo, aliás (observaria Jakobson), o meio exato, precedido por seis versos e sucedido por sete:

7 Acompanhado pelas rosas migradoras
8 Apascento os pianos que gritam
9 E transmitem o antigo clamor do homem

A impossibilidade predicativa fica evidente se lermos de maneira artificiosamente analítica:

"Eu, acompanhado pelas rosas migradoras (que, portanto, andam atrás de mim), apascento os pianos (como se fossem gado); eles gritam (como se fossem animais) e transmitem (como se fossem emissores vivos e autônomos) o antigo clamor do homem (como se fossem identificados a ele, ou seu porta-voz)."

O verso 7 apresenta duas rupturas do nexo lógico (apesar da coerência gramatical), que se tornam evidentes da seguinte maneira:

1 "(As) rosas (não podem ser) migradoras (pois não podem se deslocar);
2 (e, portanto, eu não posso estar) acompanhado (por elas)".

É curioso notar o seguinte: no verso 2 as aves são escamoteadas em favor das suas sombras, que vão beber na planície; no verso 7 elas são escamoteadas outra vez, pois a expressão normal seria "aves migradoras" (não "rosas"), e dentro da tradição bucólica quem acompanha o pastor são os seus cachorros fiéis, alguns dos quais acabam por se incorporar à nossa lembrança, como o Melampo, que Cláudio Manuel da Costa adotou. O poeta parece, pois, desejar uma poética da ausência, segundo a qual o vazio deixado pelas palavras esperadas é preenchido por outras, impossíveis do ponto de vista lógico. Trata-se de verdadeira *provocação*, feita para desmanchar os nexos usuais e criar nexos novos, inesperados, que ferem como choque a percepção do leitor e o obrigam a tomar conhecimento de uma realidade insuspeitada. A poesia moderna levou essas técnicas ao máximo; com isso pôde suscitar entre os objetos relações novas, belas e surpreendentes. E, nisso, ninguém mais eficaz na literatura brasileira do que Murilo Mendes.

Portanto as rosas migradoras são um elemento aberrante máximo, que reforça o desvio poético constituído pelos pianos que podem ser apascentados. Elas penetram no poema com uma força de gratuidade, cuja função é fazer par com os pianos que gritam, na formação do efeito de adjacência:

Eu	Acompanhado	pelas rosas	migradoras
	Apascento	os pianos	que gritam

Acompanhado pelas rosas migradoras ⟵ Eu ⟶ Apascento os pianos que gritam

Trata-se de estrutura paralela em eco perfeito, que estabelece uma intercorrência favorável para sugerir a atmosfera fantástica.

Entre parênteses, seria talvez o caso de lembrar outro poema de Murilo Mendes, "Ideias rosas" (do livro *Poesia liberdade*, 1947), onde estas flores encarnam as ideias que perderam o cunho abstrato à força de serem vividas, e se tornaram realidade concreta, profundamente enraizada no sentimento e na visão:

IDEIAS ROSAS

Minhas ideias abstratas
De tanto as tocar, tornaram-se concretas:
São rosas familiares
Que o tempo traz ao alcance da mão,
Rosas que assistem à inauguração de eras novas
No meu pensamento,
No pensamento do mundo em mim e nos outros;
De eras novas, mas ainda assim
Que o tempo conheceu, conhece e conhecerá.
Rosas! Rosas!
Quem me dera que houvesse
Rosas abstratas para mim.

Poderiam as "rosas migradoras" ser ideias semelhantes, que acompanham o pastor na tarefa de apascentar-tanger os pianos? Seriam os pianos, como elas, mensagens de arte tornadas estranhamente objetos palpáveis?

Aliás, é bom lembrar que o epíteto "migradores(as)" aparece em mais cinco poemas de *As metamorfoses*, qualificando *normalmente* "peixes", "cavalos"; *anormalmente*, "odes" e, duas vezes, "rosas":

Há uma convergência de presságios
Nos jardins cobertos de rosas migradoras
E nos berços onde dormem crianças com fuzis.
    (História)

Os pés do deserto me alcançam,
Trazem recados das rosas migradoras.
    ("Poema hostil")

O poeta separou dos outros os versos 7-9, por meio de espaços brancos, que destacam a sua importância. De fato, eles preparam a divisão da primeira parte (versos 1-9) e da segunda (versos 10-16) graças ao verso 9, que de certo modo pertence a ambas, pois, enquanto o 7 e o 8 continuam a ação do pastor, ele, que é complementar deste último, já anuncia o que virá depois, fazendo o poema girar nos gonzos, ao passar da descrição do pastoreio fantasmagórico para uma reflexão sobre a natureza do homem.

Essa mudança é marcada pela quebra do discurso, por obra de dois pronomes relativos, que à primeira vista parecem referir-se ao mesmo objeto devido à falta de pontuação do verso 9. Mas na verdade referem-se a objetos distintos, provocando hesitação na leitura:

8 Apascento os pianos QUE *gritam*
9 E transmitem o antigo clamor do homem
10 QUE *reclamando* a contemplação
11 Sonha e provoca a harmonia etc.

O movimento normal da leitura leva a pressupor que o início do verso 10 se refira a "pianos", mas, chegando ao verso 11, vemos de repente que a concordância não corresponde; isso leva a parar, voltar atrás e reler; verificamos então que o segundo pronome relativo refere-se a "homem". É como se o poeta tivesse preparado uma armadilha, deixando sem pontuação o verso 9, mas alertando implicitamente a respeito por meio do hiato branco que o separa do verso 10 — o que parece tanto mais provável, quanto na 1ª edição de *As metamorfoses* não havia pontuação alguma em todo o poema; ao introduzi-la na versão definitiva, Murilo Mendes exceptuou apenas este verso, como que desejando estabelecer a ambiguidade. Assim, o mesmo pronome alude a coisas diversas, na sua primeira e na sua segunda manifestação: o hiato desloca a marcha e anuncia a esquina, sugerindo mudança de rumo do poema.

Aliás, nesse momento o discurso, muito significativamente, passa da Iª pessoa, sujeito da primeira parte, que acaba de ser analisada ("*eu sou* o pastor..."), para a 3ª pessoa, sujeito da segunda parte, que vamos analisar (*o "homem* que sonha...").

5

Portanto a partir do verso 9 o teor do discurso muda, estabelecendo-se a correspondência entre o enunciado e a lógica usual. Isso gera o efeito de adjacência mais amplo e geral deste poema: a primeira parte, *incongruente*, infunde mistério na segunda parte, *congruente*, e esta lhe infunde uma insólita normalidade. O resultado é o impacto sobre o leitor, que se vê transposto a um mundo de fantasmagoria lúcida, no descampado noturno que lembra perspectivas metafísicas de Giorgio De Chirico ou Salvador Dalí.

A propósito, vale a pena mencionar o ponto de vista de um dos críticos mais penetrantes da obra do nosso poeta:

Não foi sem uma profunda razão que Murilo Mendes dedicou seu último livro, *As metamorfoses* [...] à memória de Wolfgang Amadeus Mozart. Pois há, na verdade, entre o poeta de *A poesia em pânico* e a música, cuja pureza inefável o gênio mozartiano encarnou mais do que qualquer outro, uma aliança fundamental, íntima, indissolúvel, que faz com que a natureza da sua poesia seja essencialmente musical. A musicalidade, porém, do poeta Murilo Mendes, não reside na forma poética, não nasce do ritmo, da harmonia ou da cadência do verso, não é, em suma, uma melodia verbal: ela é antes uma atmosfera anímica, que confere uma qualidade singular à sua visão do mundo. É a música, de fato, que alimenta a imaginação do poeta, abrindo-lhe perspectivas super-reais, enriquecendo-o de visões oníricas, tornando-o sensível às confidências do invisível e animando-o a lançar-se à livre aventura da recriação poética do mundo. As suas evocações líricas são frequentemente evocações de sonhos vividos em vigília, sob o poder encantatório da sugestão musical. Os elementos com que Murilo Mendes joga não são aqueles que o pensamento racional qualifica de reais. Não teremos acesso, por isso, ao mundo recriado pela sua imaginação, se não estivermos dispostos a abandonar previamente os critérios lógicos com que habitualmente tomamos conhecimento da realidade. [...] Familiarizado com os planos mais abstratos da música, Murilo Mendes convive com as ficções, com os sonhos, com as imagens, com as "correspondências", com as alucinações subjetivas, com os mitos, que povoam o seu espírito e que dão à sua obra uma auréola de irrealidade, embora sejam na verdade essenciais para que ele tome plenamente posse do real.[5]

Visto o texto por esse ângulo, poderíamos dizer que os fatos de linguagem examinados até agora podem ser considerados *dissonâncias*, no sentido musical, e o desacordo maior entre as duas partes seria uma dissonância geral, pertencendo ambas à família daqueles abalos que Murilo Mendes considerava importantes para instaurar a poesia de ruptura, descartando a coerência e procurando uma espécie de assimetria, que às vezes funciona como fecundo escândalo poético:

Preocupei-me com a aproximação de elementos contrários, a aliança dos extremos, pelo que dispus muitas vezes o poema como um agente capaz de manifestar dialeticamente essa conciliação,

---

5 Lauro Escorel, "As metamorfoses". *A Manhã*, Rio de Janeiro, 8 out. 1944. Artigo do rodapé seminal do autor, cuja rubrica era "Crítica Literária".

produzindo choques pelo contato da ideia e do objeto díspares, do raro e do cotidiano etc.[6]

Na segunda parte (versos 10-16) distinguem-se dois momentos. No primeiro, formado pelos versos 10-12, são definidas três atividades básicas do homem deste poema: contemplação (verso 10), sonho criador de harmonia, ou seja, a arte (verso 11) e trabalho (verso 12). Isso é expresso de maneira relativamente direta, em comparação com a linguagem da primeira parte. Mais direto ainda é o segundo segmento (versos 13-16), que parece descartar qualquer ambiguidade, e, portanto, dissolver as tensões semânticas, ao indicar singelamente os modos de comunicação com os deuses: o vento (verso 13), a visão do firmamento e das mulheres (verso 14), o amor (verso 15). Na verdade, a tensão subsiste, pois estamos ante uma estrutura de contradições, a começar pela discrepância entre as duas partes: na primeira, há a descrição objetiva de uma fantasmagoria, que serve de quadro às principais incongruências lógicas; na segunda, a linguagem é relativamente direta e pertinente. Todavia esta segunda parte fervilha de paradoxos, como a contradição entre os meios de comunicação, já indicados, e o seu objeto. De fato, eles significam que o homem se comunica com os deuses, não pelos meios previstos, isto é, adequados especificamente a esse fim (prece, êxtase, revelação, milagre); mas por meios anormais de extrema banalidade, como os fatos da natureza, o amor, a visão do mundo e dos seres no seu cotidiano, que são modos de ser, agir e ver integrados no ritmo da vida; e não vínculos do homem com a transcendência.

---

6 Murilo Mendes, "A poesia e o nosso tempo", em Antonio Candido e José Aderaldo Castello, *Presença da literatura brasileira: Modernismo*. 8. ed. São Paulo: Difel, 1981, v. III, p. 178.

Talvez esse paradoxo seja um dos eventuais guias ideológicos do poema. Talvez exprima um desejo de humanizar aquele vínculo, promovendo a valorização da "escala humana", num sentido de modernidade religiosa, que é premonitória num poeta católico escrevendo no começo dos anos 1940. No mesmo sentido poderia ser encarada a pluralização de Deus, "os deuses" que encerram o poema, quem sabe a fim de abranger toda a sorte de fidelidades.

A esta altura vemos que no poema há uma pastoral, cujo sujeito é o pastor pianista (versos 1-9), e uma conclusão reflexiva (versos 10-16), cujo sujeito é o homem. O homem absorve o pastor e desvenda implicitamente a sua verdadeira relação com os pianos, que seriam também meios de comunicação com a transcendência através da arte.

A pastoral é uma composição surrealista, como se fosse uma bucólica redefinida em termos modernos, segundo os quais o pastor funde a frauta e o gado numa realidade nova, o piano, que "tange" em dois sentidos. Mas o impacto da mensagem expressa na segunda parte leva a perguntar: tratando-se de meios de comunicação com os deuses, será que o pastor apascenta efetivamente pianos de uma espécie fantástica, guiando-os na planície como um rebanho insólito de quadro surrealista? Ou será que, por ser pianista, o faz de maneira figurada, isto é, solta os sons no espaço como se fossem um rebanho musical? (Noutro poema do mesmo livro, "Extensão dos tempos", os sons parecem materializados, exercendo um efeito transposto, que antes caberia às flores:

Respirar flores eternas
Beber o orvalho dos pianos.)

Estas incongruências são insolúveis, porque, a despeito da possibilidade constante das palavras do poema terem sentidos figurados (notadamente os pianos, eventuais metonímias da música e, por extensão, da arte), ele não se resolve, no todo, em alegoria (como a Lira 77), em símbolo (como "Meu sonho"), ou na mistura de ambos (como "Fantástica"). Isso porque, mais do que nesses poemas, os seus elementos centrais oferecem resistência se os quisermos *traduzir* em significado abstrato. A planície deserta, os pianos gritando ao luar, as sombras sem pássaros, as rosas andejas são isso mesmo, permanecem tais, vinculados pelos nexos arbitrários da visão surreal. O que há neles de abstração foi reduzido à dimensão concreta, como as "ideias rosas". E eles formam o quadro para o poeta fazer, na segunda parte, a sua reflexão, que entra em contraste com a fantasmagoria da primeira, mediadas ambas pelo pastor. Entre os pianos e os homens talvez haja uma correlação mais funda, que unificaria de maneira dialética a parte *impertinente* e a *pertinente*, sugerindo que, em última instância, o efeito poético é devido à tensão entre o impossível rebanho sonoro dos pianos e a luta do homem para se exprimir.

Edições usadas

SANTA RITA DURÃO, Frei José de
Caramuru. Poema épico do descobrimento da Bahia por... etc.
Segunda edição correta etc.
Lisboa: Imprensa Nacional, 1836.

GONZAGA, Tomás Antônio
Obras completas. v. I: *Poesias*. *Cartas chilenas*.
Edição crítica de Manuel Rodrigues Lapa.
Rio de Janeiro: Instituto Nacional do Livro, 1957.

AZEVEDO, Álvares de
Obras completas, 2 v.
8. ed. Organizada e anotada por Homero Pires.
São Paulo: Nacional, 1942.

OLIVEIRA, Alberto de
Poesias.
Edição melhorada (1877-1895), primeira série.
Rio de Janeiro: Garnier, 1912.

BANDEIRA, Manuel
Estrela da vida inteira. Poesias reunidas.
Rio de Janeiro: José Olympio, 1966.

MENDES, Murilo
Poesias (1925-1955).
Rio de Janeiro: José Olympio, 1959.

Antonio Candido de Mello e Souza nasceu no Rio de Janeiro, em 1918. Crítico literário, sociólogo, professor, mas sobretudo um intérprete do Brasil, foi um dos mais importantes intelectuais brasileiros. Candido partilhava com Gilberto Freyre, Caio Prado Jr., Celso Furtado e Sérgio Buarque de Holanda uma largueza de escopo que o pensamento social do país jamais voltaria a igualar, aliando anseio por justiça social, densidade teórica e qualidade estética. Com eles também tinha em comum o gosto pela forma do ensaio, incorporando o legado modernista numa escrita a um só tempo refinada e cristalina. É autor de clássicos como *O discurso e a cidade* (1993), *Formação da literatura brasileira* (1959) e *Literatura e sociedade* (1965), entre diversos outros livros. Morreu em 2017, em São Paulo.

© Ana Luisa Escorel, 2024

Todos os direitos desta edição reservados à Todavia.

Grafia atualizada segundo o Acordo Ortográfico da Língua Portuguesa de 1990, que entrou em vigor no Brasil em 2009.

Este volume tomou como base a nona edição de *Na sala de aula* (Rio de Janeiro: Ouro sobre Azul, 2017), elaborada a partir da última versão revista por Antonio Candido. Em casos específicos, e a pedido dos representantes do autor, a Todavia também seguiu os critérios de estilo da referida edição.
O texto de orelha, redigido originalmente pelo próprio Antonio Candido, foi mantido.

capa
Oga Mendonça
composição
Maria Lúcia Braga e Fernando Braga,
sob a supervisão da Ouro sobre Azul
preparação e revisão
Jane Pessoa
Huendel Viana

Dados Internacionais de Catalogação na Publicação (CIP)

Candido, Antonio (1918-2017)
Na sala de aula : Cadernos de análise literária /
Antonio Candido. — 1. ed. — São Paulo : Todavia, 2024.

Ano da primeira edição: 1985
ISBN 978-65-5692-721-3

1. Literatura brasileira. 2. Ensaio – análise e crítica.
I. Título.

CDD B869.4

Índice para catálogo sistemático:
1. Literatura brasileira : Ensaio B869.4

Bruna Heller — Bibliotecária — CRB 10/2348

todavia
Rua Luís Anhaia, 44
05433.020 São Paulo SP
T. 55 11. 3094 0500
www.todavialivros.com.br

Acesse e leia textos encomendados especialmente
para a Coleção Antonio Candido na Todavia.
www.todavialivros.com.br/antoniocandido

fonte Register*
papel Pólen bold 90 g/m²
impressão Geográfica